A MEMÓRIA VEGETAL

Umberto Eco
AUTOR DE SOBRE A LITERATURA
A MEMÓRIA VEGETAL
e outros escritos sobre bibliofilia

Tradução de
JOANA ANGÉLICA D'AVILA MELO

4ª edição

EDITORA RECORD
RIO DE JANEIRO • SÃO PAULO
2025

CIP-BRASIL. CATALOGAÇÃO-NA-FONTE
SINDICATO NACIONAL DOS EDITORES DE LIVROS, RJ

E22m
Eco, Umberto, 1932-
A memória vegetal: e outros escritos de bibliofilia / Umberto Eco;
4ª ed. tradução de Joana Angélica d'Ávila. – 4ª ed. – Rio de Janeiro: Record, 2025.

Tradução de: La memoria vegetable
ISBN 978-85-01-08332-6

1. Bibliofilia. 2. Memória. 3. Bibliotecas e a internet. 4. Internet –
Aspectos sociais. 5. Sociedade da informação. I. Título.

10-0093

CDD: 002
CDU: 002

Título original em italiano:
LA MEMORIA VEGETALE E ALTRI SCRITTI DI BIBLIOFILIA

Copyright © RCS Libri S. p. A. – Milano

Todos os direitos reservados. Proibida a reprodução, armazenamento ou transmissão de partes deste livro através de quaisquer meios, sem prévia autorização por escrito. Proibida a venda desta edição em Portugal e resto da Europa.

Direitos exclusivos de publicação em língua portuguesa para o Brasil adquiridos pela
EDITORA RECORD LTDA.
Rua Argentina 171 – 20921-380 – Rio de Janeiro, RJ – Tel.: 2585-2000
que se reserva a propriedade literária desta tradução

Impresso no Brasil

ISBN 978-85-01-08332-6

Seja um leitor preferencial Record
Cadastre-se e receba informações sobre nossos
lançamentos e nossas promoções.

EDITORA AFILIADA

Atendimento e venda direta ao leitor
sac@record.com.br

SUMÁRIO

SOBRE A BIBLIOFILIA

A memória vegetal	9
Reflexões sobre a bibliofilia	33
Colações de um colecionador	57

HISTORICA

Sobre o livro de Lindisfarne	73
Sobre as *Très Riches Heures*	87
Sobre os Insulares	95
Por que Kircher?	99
O meu Migne, e o outro	109
O estranho caso da Hanau 1609	115

LOUCOS LITERÁRIOS (E CIENTÍFICOS)

Varia et curiosa	157
A obra-prima de um desconhecido	187

♦ 5 ♦

UMBERTO ECO

HETEROTOPIAS E FALSIFICAÇÕES

A peste do trapo	203
Antes da extinção	209
Monólogo interior de um e-book	217
Shakespeare era por acaso Shakespeare?	225
Por uma reforma dos catálogos	237
O código Temesvar	241
Leilão de livros pertencidos a Ricardo Montenegro	251
O problema do Limiar. Ensaio de para-antropologia	261

SOBRE A BIBLIOFILIA

A MEMÓRIA VEGETAL

Quero de imediato lembrar que esta conferência — a qual deveria auspiciosamente ser seguida de outras — foi organizada pelo Aldus Club, em colaboração com a Biblioteca de Brera, não para bibliófilos calejados, ou para eruditos que têm com os livros muita e talvez excessiva familiaridade, mas, ao contrário, para um público mais vasto, até jovem, de cidadãos de um país cujas estatísticas nos dizem que, ao lado de uma multidão de pessoas que nunca tomam um livro nas mãos, também existem muitíssimas, demasiadas, que não se aproximam de mais de um livro por ano — e as estatísticas não informam em quantos desses casos trata-se apenas de um manual de culinária ou de uma coletânea de piadas sobre os *carabinieri*.

Se, afinal de contas, a austeridade do lugar e a dificuldade do título convocaram para cá mais arcebispos do que catecúmenos, não importa. Proponho minha exposição como exemplo de uma série de discursos que os leitores poderiam fazer, em várias circunstâncias educativas, a quem é um pouco menos leitor.

1. Desde os tempos de Adão os seres humanos manifestam duas debilidades, uma física e outra, psíquica: do lado físico,

mais cedo ou mais tarde eles morrem; do lado psíquico, desagrada-lhes ter de morrer. Não podendo evitar a debilidade física, tentam compensar-se no plano psíquico, perguntando-se se existiria uma forma de sobrevivência após a morte, e a essa pergunta respondem a filosofia, as religiões reveladas e várias formas de crenças míticas e mistéricas. Algumas filosofias orientais nos dizem que o fluxo da vida não se detém, e que depois da morte reencarnaremos em outra criatura. Mas, diante dessa resposta, a pergunta que nos surge espontaneamente é: quando eu for essa outra criatura, será que ainda me lembrarei de quem fui e saberei fundir minhas velhas lembranças com as novas que ela terá? Se a resposta for negativa, ficamos muito mal, porque, entre ser um outro que ignora ter sido eu e desaparecer no nada, não há nenhuma diferença. Eu não quero sobreviver como algum outro, quero sobreviver como eu mesmo. E, como de mim já não existirá o corpo, espero que sobreviva a alma: mas a resposta que todos daremos nos diz que identificamos nossa alma com nossa memória. Como afirmava Valéry: "Eu sou, enquanto eu mesmo, a cada instante, um enorme fato de memória."

Com efeito, parecem-nos mais humanas aquelas religiões que nos asseguram que depois da morte eu recordarei tudo de mim, e até o inferno não será senão um eterno recordar as razões pelas quais fui punido.

De fato, se soubéssemos que no inferno sofreria um outro que ignora ter sido eu, pecaríamos todos alegremente: o que me importam os sofrimentos de alguém que não só não terá meu corpo atual, mas também sequer minhas lembranças?

A memória tem duas funções. Uma, e é nela que todos pensam, é a de reter na lembrança os dados de nossa experiência precedente; mas a outra é também a de filtrá-los, de descartar alguns e conservar outros. Talvez muitos dos senhores conheçam aquele belo conto de Borges intitulado *Funes, memorioso*. Funes é um personagem que percebe tudo sem filtrar nada, e, sem filtrar nada, recorda tudo:

> Nós, de uma olhadela, percebemos três taças em uma mesa; Funes, todos os rebentos e cachos e frutos que compreendem parreira. Sabia as formas das nuvens austrais do amanhecer do trinta de abril de mil oitocentos e oitenta e dois e podia comparálas na lembrança aos veios de um livro encadernado em couro que vira somente uma vez e às linhas da espuma que um remo levantou no Rio Negro na véspera da batalha do Quebracho. Essas lembranças não eram simples; cada imagem visual estava ligada às sensações musculares, térmicas etc. Podia reconstruir todos os sonos, todos os entressonhos. Duas ou três vezes havia reconstruído um dia inteiro; nunca havia duvidado, porém cada reconstrução já tinha requerido um dia inteiro. Disse-me: *Mais recordações tenho eu sozinho que as que tiveram todos os homens desde que o mundo é mundo*. E também: *Meus sonhos são como a vigília de vocês*. E, igualmente, próximo do amanhecer: *Minha memória, senhor, é como um despejadouro de lixo*. Uma circunferência num quadro-negro, um triângulo retângulo, um losango são formas que podemos intuir plenamente; o mesmo acontecia a Ireneu com as emaranhadas crinas de um potro, com uma ponta de gado numa coxilha, com o fogo mutável e com a inumerável cinza, com os muitos rostos de um morto num longo velório. Não sei quantas estrelas via no céu (...).

De fato, Funes não só recordava cada folha de cada árvore de cada monte, como também cada uma das vezes em que a tinha percebido ou imaginado. Resolveu reduzir cada uma de suas jornadas pretéritas a umas setenta mil lembranças, que definiria depois por cifras. Dissuadiram-no duas considerações: a consciência de que a tarefa era interminável, a consciência de que era inútil. Pensou que na hora da morte não teria acabado ainda de classificar todas as recordações da infância.

Mas recordar tudo significa não reconhecer mais nada:

Este, não o esqueçamos, era quase incapaz de ideias gerais, platônicas. Não só lhe custava compreender que o símbolo genérico *cão* abrangesse tantos indivíduos díspares de diversos tamanhos e diversa forma; aborrecia-o que o cão das três e catorze (visto de perfil) tivesse o mesmo nome do cão das três e um quarto (visto de frente). Seu próprio rosto no espelho, suas próprias mãos, surpreendiam-no todas as vezes. Menciona Swift que o imperador de Lilliput discernia o movimento do ponteiro dos minutos; Funes discernia continuamente os tranquilos avanços da corrupção, das cáries, da fadiga. Notava os progressos da morte, da umidade. Era o solitário e lúcido espectador de um mundo multiforme, instantâneo e quase intoleravelmente preciso. Babilônia, Londres e Nova York sufocavam com feroz esplendor a imaginação dos homens; ninguém, em suas torres populosas e em suas avenidas urgentes, sentiu o calor e a pressão de uma realidade tão infatigável como que dia e noite convergia sobre o infeliz Ireneu, em seu pobre arrabalde sul-americano. Era-lhe muito difícil dormir. Dormir é distrair-se do mundo;

A MEMÓRIA VEGETAL

Funes, de costas no catre, na sombra, imaginava cada fenda e cada moldura das casas certas que o rodeavam.

(...) Tinha aprendido sem esforço o inglês, o francês, o português, o latim. Suspeito, entretanto, que não era muito capaz de pensar. Pensar é esquecer diferenças, é generalizar, abstrair. No abarrotado mundo de Funes não havia senão pormenores, quase imediatos.*

Como acontece que sejamos capazes de reconhecer uma pessoa querida, mesmo alguns anos depois (e depois que seu rosto se modificou), ou de reencontrar o caminho de casa todos os dias, ainda que nos muros existam novos cartazes, e que talvez a loja da esquina tenha sido redecorada com novas cores? Isso se dá porque, do rosto amado ou do trajeto habitual, conservamos só alguns traços fundamentais, como um esquema, que permanece invariado por trás de muitas modificações superficiais. De outro modo, nossa mãe com um cabelo branco a mais, ou nossa casa com as venezianas repintadas, iriam nos aparecer como uma experiência nova, e não as reconheceríamos.

Essa memória seletiva, tão importante para nos permitir sobreviver como indivíduos, funciona também em nível social e permite a sobrevivência das comunidades. Desde os tempos em que a espécie começava a emitir seus primeiros sons significativos, as famílias e as tribos precisaram dos velhos. Talvez, antes, eles não tivessem utilidade e fossem descartados, quando já não serviam para encontrar comida. Mas, com a linguagem, os velhos se tornaram a memória da espécie: sentavam-se na caverna,

---

*BORGES, Jorge Luis, *Ficções*. São Paulo: Globo, 2001.

ao redor do fogo, e contavam o que havia acontecido (ou que se dizia haver acontecido, aí está a função dos mitos) antes de os jovens nascerem. Antes de começar-se a cultivar essa memória social, o homem nascia sem experiência, não tinha tempo de fazê-la, e morria. Depois, um jovem de vinte anos era como se tivesse vivido cinco mil. Os fatos ocorridos antes dele, e aquilo que os anciãos tinham aprendido, passavam a fazer parte de sua memória.

Os velhos, que articulavam a linguagem para consignar a cada um as experiências dos que os tinham precedido, representavam ainda, em seu nível mais evoluído, a memória orgânica, aquela registrada e administrada pelo nosso cérebro. Mas, com a invenção da escrita, assistimos ao nascimento de uma memória mineral. Digo mineral porque os primeiros signos foram gravados em tabuinhas de argila ou esculpidos sobre pedra; porque faz parte da memória mineral também a arquitetura, visto que, das pirâmides egípcias às catedrais góticas, o templo era também um registro de números sacros, de cálculos matemáticos, e por intermédio de suas imagens ou de suas pinturas transmitia histórias, ensinamentos morais; em suma, constituía, como já foi dito, uma enciclopédia em pedra.

E, assim como os primeiros ideogramas, caracteres cuneiformes, runas e letras alfabéticas tinham um suporte mineral, também o tem a mais atual das memórias, a dos computadores, cuja matéria-prima é o silício. Hoje, graças aos computadores, dispomos de uma memória social imensa; basta conhecer as modalidades de acesso aos bancos de dados e, sobre um tema qualquer, poderemos obter tudo o que convém saber, uma bibliografia de dez mil títulos sobre um único assunto. Mas não há silêncio maior do que o ruído absoluto, e a abundância de informação pode gerar a ignorância absoluta. Diante do imenso estoque de memória que o computador pode nos oferecer, sentimo-nos todos como Funes: obsedados

A MEMÓRIA VEGETAL

por milhões de detalhes, podemos perder todo critério de escolha. Saber que sobre Júlio César existem dez mil livros é o mesmo que não saber nada dele: se me tivessem aconselhado um, eu teria ido procurá-lo; ante o dever de começar a explorar aqueles dez mil títulos, eu me detenho.

Mas, com a invenção da escrita, nasceu pouco a pouco o terceiro tipo de memória, que decidi denominar vegetal porque, embora o pergaminho fosse feito com pele de animais, o papiro era vegetal e, com o advento do papel (desde o século XII), produzem-se livros com trapos de linho, cânhamo e algodão — e por fim a etimologia tanto de *biblos* como de *liber* remete à casca da árvore.

Os livros existem desde antes da imprensa, embora no início tivessem a forma de um rolo e só aos poucos tenham ficado cada vez mais semelhantes ao objeto que conhecemos. O livro, sob qualquer forma, permitiu que a escrita se personalizasse: representava uma porção de memória, até coletiva, mas selecionada segundo uma perspectiva pessoal. Diante dos obeliscos, estelas, tábuas, ou de epígrafes em pedras tumulares, procuramos decifrá-los; ou seja, trata-se de conhecer o alfabeto usado e de saber quais eram as informações essenciais ali transmitidas: aqui está sepultado fulano, este ano produziram-se tantos feixes de espigas, tais países e tais outros foram conquistados por este senhor. Não nos perguntamos quem estilou ou gravou. Diante do livro, em contraposição, procuramos uma pessoa, um modo individual de ver as coisas. Não procuramos apenas decifrar, mas também interpretar um pensamento, uma intenção. Em busca de uma intenção, interroga-se um texto, do qual se podem até fazer leituras diferentes.

♦ 15 ♦

A leitura se torna um diálogo, mas um diálogo — e este é o paradoxo do livro — com alguém que não está diante de nós, que desapareceu talvez há séculos, e que está presente só como escrita. Existe uma interrogação dos livros (chama-se hermenêutica), e se existe hermenêutica existe culto do livro. As três grandes religiões monoteístas — judaísmo, cristianismo e islamismo desenvolvem-se sob a forma de interrogação contínua de um livro sagrado. O livro se torna a tal ponto símbolo da verdade por ele guardada, e revelada a quem souber interrogá-lo, que para encerrar uma discussão, afirmar uma tese, destruir um adversário, diz-se: "Está escrito aqui." Sempre duvidamos de nossa memória animal — "creio lembrar que... mas não tenho certeza" —, enquanto a memória vegetal pode ser exibida para eliminar toda dúvida: "A água é de fato H_2O, Napoleão morreu realmente em Santa Helena, quem o diz é a enciclopédia."

Na tribo primitiva, o velho assegurava: "Assim aconteceram as coisas na noite dos tempos, quem o garante é aquela tradição que se transferiu de boca em boca até os nossos dias", e a tribo dava crédito à tradição. Hoje, os livros são os nossos velhos. Embora saibamos que erram com frequência, em todo caso nós os levamos a sério. Pedimos a eles que nos deem mais memória do que aquela que a brevidade da nossa vida nos permite acumular. Não nos damos conta, mas nossa riqueza em relação ao analfabeto (ou a quem, alfabetizado, não lê) é que ele está vivendo e viverá somente sua vida, ao passo que nós vivemos muitíssimas. Certa vez, Valentino Bompiani inventou como slogan editorial: "Um homem que lê vale por dois." Na verdade, vale por mil. É através da memória vegetal do livro que podemos recordar, junto com nossas brincadeiras da infância, também as de

A MEMÓRIA VEGETAL

Proust, e entre nossos sonhos da adolescência os de Jim em busca da Ilha do Tesouro; extraímos lições não só dos nossos erros, mas também dos de Pinóquio, ou dos de Aníbal em Cápua; não suspiramos somente pelos nossos amores, mas também pelos da Angélica de Ariosto — ou, se formos mais modestos, pelos da Angélica dos Golon; assimilamos algo da sabedoria de Sólon, sentimos calafrios por certas noites de vento em Santa Helena, e nos repetimos, junto com a fábula que a vovó nos contou, aquela narrada por Sherazade.

Tudo isso deu a alguns (a Nietzsche, por exemplo) a impressão de que, mal nascemos, já somos insuportavelmente anciãos. É mais decrépito, porém, o analfabeto (de origem ou de retorno), que sofre de arteriosclerose desde criança, e não recorda (porque não leu) o que aconteceu nos Idos de Março. Naturalmente os livros podem nos induzir a recordar inclusive muitas mentiras, mas ainda assim têm sempre a virtude de contradizerem-se entre si, e nos ensinam a avaliar criticamente as informações que nos proporcionam. Ler também ajuda a não acreditar nos livros. Não conhecendo as culpas dos outros, o analfabeto não conhece sequer os próprios direitos.

O livro é um seguro de vida, uma pequena antecipação de imortalidade. Para trás (infelizmente), não para a frente. Mas não se pode ter tudo, e de imediato. Não sabemos se depois de nossa morte individual conservaremos lembranças de nossas experiências. Mas sabemos com certeza que conservamos lembrança das experiências daqueles que nos precederam, e que outros depois de nós conservarão lembrança das nossas. Embora não sejamos Homero, poderemos permanecer na memória do futuro como os protagonistas — que sei eu — de um eventual acidente na autoestrada Milão-Roma na noite de 14 de agosto. Concordo, seria pouco, mas é sempre melhor do que nada. Só para ser lembrado pelos pósteros, Eróstrato incendiou o templo de Diana em Éfeso, e lamentavelmente os pósteros o celebrizaram recordando sua estupidez. Nada de novo sob o sol: também se fica famoso fazendo o papel de bobo da aldeia no Maurizio Costanzo Show.

2. De vez em quando alguém diz que hoje se lê menos, que os jovens não leem mais, que entramos, como afirmou um crítico americano, na idade do Decline of Literacy. Eu não sei, certamente hoje as pessoas veem muita televisão, e existem indivíduos de risco que não veem nada além de televisão, assim como existem indivíduos de risco que gostam de injetar substâncias mortais na veia: mas também é verdade que nunca se imprimiu tanto quanto em nossa época, e que jamais como em nossos dias floresceram livrarias que parecem discotecas, cheias de jovens que, mesmo quando não compram, folheiam, examinam, informam-se.

O problema é antes, inclusive para os livros, o da abundância, da dificuldade de escolha, do risco de já não conseguir discriminar: é natural, a difusão da memória vegetal tem todos os defeitos da democracia, um regime no qual, para permitir que todos falem, é preciso deixar falarem também os insensatos, e até os cafajestes. Há o problema de como educar-se para escolher, certo, até porque, se não se aprende a escolher, corre-se o risco de ficar diante dos livros como Funes diante das próprias percepções infinitas: quando tudo parece digno de ser lembrado, nada mais é digno, e a pessoa preferiria esquecer.

Como educar-se para escolher? Por exemplo, perguntando-se se o livro que estamos prestes a tomar nas mãos é um daqueles

A MEMÓRIA VEGETAL

que jogaríamos fora depois de tê-lo lido. Os senhores me dirão que, sem ter lido, não se pode saber. Mas se, depois de ler dois ou três livros, percebermos que não desejamos conservá-los, talvez devamos rever nossos critérios de escolha. Jogar fora um livro depois de lê-lo é como não desejar rever a pessoa com a qual acabamos de ter uma relação sexual. Se isso acontece, tratava-se de uma exigência física, não de amor. No entanto, é preciso conseguir instaurar relações de amor com os livros de nossa vida. Se o conseguirmos, significa tratar-se de livros que se expunham a uma ampla interrogação, a tal ponto que a cada releitura nos revelam algo diferente. Trata-se de uma relação de amor, porque é de fato no estado de enamoramento que os apaixonados descobrem com alegria que cada vez é como se fosse a primeira. Quando se descobre que cada vez é como se fosse a segunda, está-se pronto para o divórcio ou, no caso do livro, para a lixeira.

Poder descartar ou conservar significa que o livro é também um objeto, que pode ser amado não só por aquilo que diz, mas também pela forma sob a qual se apresenta. Esta conferência foi organizada por um clube de bibliófilos, e um bibliófilo é alguém que coleciona livros também pela beleza da composição tipográfica, do papel, da encadernação. Os bibliófilos perversos deixam-se dominar pelo amor a esses componentes visuais e táteis, a tal ponto que não leem os livros que colecionam, e, se estes ainda estiverem intonsos, não lhes separam as páginas para não baixar o valor comercial deles. Mas toda paixão gera suas próprias formas de fetichismo. É justo, porém, que o bibliófilo deseje possuir três edições diferentes do mesmo livro, e vez por outra a diferença entre as edições incide inclusive sobre o modo pelo qual abordamos a leitura. Um amigo meu, não por acaso poeta, que volta e meia eu descubro desencavando antigas edições de poetas italianos, repete-me que é bem diferente o prazer de ler Dante numa moderna edição de bolso ou nas belas páginas de uma edição aldina. E a muitas pessoas acontece sentir, quando encontram a primeira edição de um autor contemporâneo, uma emoção especial ao reler aqueles versos nos caracteres em que os primeiros destinatários os leram. À memória que o livro transmite, por assim dizer, de propósito, acrescenta-se a memória da qual emana, enquanto coisa física, o perfume da história de que ele está impregnado.

Considera-se normalmente que a bibliofilia é uma paixão custosa, e certamente se um de nós quisesse possuir um exemplar da primeira Bíblia em 42 linhas impressa por Gutenberg deveria dispor pelo menos de sete bilhões. Digo pelo menos porque, por tal soma, foi vendido dois anos atrás um dos últimos exemplares em circulação (os outros estão em bibliotecas públicas, custodiados como tesouros), e portanto quem hoje quisesse cedê-lo pediria talvez o dobro. Mas pode-se desenvolver um amor pelo colecionismo mesmo quando não se é rico.

Talvez nem todos saibam que certas edições quinhentistas ainda podem ser achadas por pouco menos ou pouco mais de cinquenta mil liras, as quais podemos juntar evitando duas refeições em restaurante ou renunciando a dois pacotes de cigarros. Nem sempre é a antiguidade que custa caro, existem edições amadorísticas impressas vinte anos atrás que valem um patrimônio, mas pelo preço de um par de Timberland pode-se experimentar o prazer de ter na própria estante um belo volume in-fólio, tocar-lhe a encadernação em pergaminho, sentir a consistência do papel, e até seguir a trajetória do tempo e dos agen-

A MEMÓRIA VEGETAL

tes externos através das nódoas, das manchas de umidade, do afã das larvas que às vezes escavam, ao longo de centenas de páginas, percursos de grande beleza, assim como podem ser belos os cristais de neve. Até um exemplar mutilado pode nos contar uma história frequentemente dramática: o nome do editor cancelado para fugir aos rigores da censura, páginas censuradas por leitores ou por bibliotecários demasiado prudentes, papéis avermelhados porque a edição foi impressa clandestinamente com material barato, sinais de uma longa permanência talvez no porão de um mosteiro, firmas, anotações, sublinhados que contam a história de várias posses através de dois ou três séculos...

Mas, mesmo sem ansiar por livros antigos, pode-se praticar o colecionismo de livros dos últimos dois séculos, encontrando-os nos sebos, nas feiras de usados, indo à caça das primeiras edições, dos exemplares intonsos. Aqui, o jogo está ao alcance de muitíssimos bolsos, e o prazer não consiste somente no entusiasmo da *trouvaille*, mas também na procura, no farejar, no garimpar, no encarapitar-se em escadinhas precárias para descobrir o que o belchior tem naquela última prateleira cuja poeira ele não remove há anos.

O colecionismo, mesmo menor, mesmo de "modernariato", é com frequência um ato de piedade, quero dizer, de solicitude ecológica, porque não devemos salvar apenas as baleias, a foca-monge, o urso do Abruzzo, mas também os livros.

3. De que devemos salvar os livros? Quanto aos antigos, da incúria, do sepultamento em lugares úmidos e inóspitos, do vento e da chuva que fustigam as bancas de usados. Mas, quanto aos mais recentes, também de uma doença maligna que se aninha em suas células.

♦ 21 ♦

UMBERTO ECO

Os livros envelhecem. Alguns envelhecem bem, outros menos. Depende das condições em que foram conservados, certo, mas também do material com que foram produzidos. Seja como for, sabemos que por volta de meados do século passado* verificou-se um fenômeno trágico. Não mais se produziram livros com papel de trapos, e começou-se a fabricar papel com madeira. Como os senhores podem conferir em qualquer biblioteca, o papel de trapos sobrevive aos séculos. Existem livros quatrocentistas que parecem saídos há pouco do tipógrafo, o papel ainda está branco, fresco, crepitante sob os dedos. Mas, a partir da segunda metade do século XIX, a vida média de um livro não poderá ultrapassar, afirma-se, os setenta anos. De alguns livros que já têm mais de cem anos pode-se dizer, apesar do amarelecimento precoce, que foram produzidos com papel de qualidade, e robusto. Mas as edições científicas ou os romances dos anos 1950, especialmente os franceses, duram muito menos de setenta anos. Já hoje se esfarelam, como hóstias, só de serem tomados nas mãos. Temos a certeza de que um livro de bolso produzido hoje terá vinte ou trinta anos de vida, e basta que procuremos em nossas estantes os de bolso produzidos dez anos atrás para compreender como já estão à beira da senectude precoce.

O drama é terrível: produzidos como testemunho, acervo de memória, sobre o modelo dos manuscritos ou das construções arquitetônicas que deviam desafiar os séculos, os livros não mais conseguirão cumprir sua tarefa. Antes, cada autor que não tra-

---

*Considerando a data em que foi feita esta conferência, o século "passado" é o XIX. E, adiante, "nosso século" se refere ao XX. Ocorre o mesmo em outros capítulos deste livro, que preferimos não "atualizar" artificialmente. (*N. da T.*)

♦ 22 ♦

A MEMÓRIA VEGETAL

balhasse só por dinheiro, mas por amor à própria obra, sabia estar confiando ao livro uma mensagem que duraria por séculos. Agora ele sabe que seu livro só poderá sobreviver-lhe por muito pouco. Naturalmente, a mensagem é confiada às reimpressões, mas as reimpressões seguem o gosto dos contemporâneos, e nem sempre os contemporâneos são os melhores juízes do valor de uma obra. E depois, se hoje podemos dar-nos conta de que chegou o momento de reler um livro publicado no século XVIII e caído injustamente no olvido, é porque seus exemplares sobrevivem nas bibliotecas. Mas o que será de um livro importante, subavaliado hoje, e que poderia ser apreciado daqui a um século? Daqui a um século, não subsistirá dele um exemplar sequer.

Vimos que a política das reimpressões, se confiada ao mercado, não dá garantias. Mas seria ainda pior se uma comissão de doutos viesse decidir quais são os livros a salvar, reimprimindo-os, e quais a condenar ao desaparecimento definitivo. Quando se diz que com frequência os contemporâneos se enganam ao julgar o valor de um livro, inclui-se na conta o erro dos doutos, ou seja, da crítica. Se tivéssemos dado ouvidos a Saverio Bettinelli, no século XVIII teríamos enviado Dante à picotadora.

Para os livros futuros já estão em curso políticas atiladas, a exemplo da adotada por muitas editoras universitárias americanas, com vistas à produção de obras em *acid free paper*, ou seja, dito resumidamente, em papel especial que resiste mais tempo à dissolução. Mas, à parte o fato de que isso ocorrerá no caso de obras científicas, mas não no da obra de um jovem poeta, o que fazer quanto aos milhões de livros já produzidos desde o fim do século passado até ontem?

♦ 23 ♦

Existem meios químicos para proteger os livros de bibliotecas, página por página. São possíveis, mas caríssimos. Bibliotecas com milhões de volumes (e são elas que importam) não poderão agir sobre todos os livros. Também aqui, será feita uma escolha. Quem escolherá? Naturalmente, existe a possibilidade de microfilmar tudo, mas todos nós sabemos que ao microfilme só podem aderir pesquisadores motivados, e com bons olhos. Já não haverá possibilidade de garimparmos entre velhas prateleiras, fascinados por descobertas casuais. Com o microfilme, vai-se procurar aquilo de que já se conhece pelo menos a existência. Com os modernos meios eletrônicos é possível gravar via scanner, armazenar na memória do computador central, e imprimir as páginas de que necessitamos. Ótimo para a consulta de anais de jornais (não esqueçam que o papel de jornal se deteriora em cerca de dez anos), mas não, certamente, para imprimir um esquecido romance de oitocentas páginas. Seja como for, tais possibilidades são válidas para os estudiosos, mas não para o leitor curioso. Até onde se sabe, hoje não há como salvar de modo indolor todos os livros modernos reunidos nas bibliotecas públicas, e os das bibliotecas privadas estão inexoravelmente condenados: daqui a um século, não existirão mais.

Ainda assim, o amor do colecionador, defendendo um velho livrinho da poeira, da luz, do calor, da umidade, das traças, do *smog*, do desmantelamento casual, poderia prolongar também a vida de uma edição barata dos anos 1920. Pelo menos até que alguém a redescobrisse, reavaliasse a obra e desencadeasse um processo de reimpressão. Vejam, portanto, como até um colecionismo modesto e não bilionário pode contribuir para a conservação de um imenso patrimônio de memória vegetal. Mirem-se

A MEMÓRIA VEGETAL

no exemplo dos colecionadores de histórias em quadrinhos, que protegem sob invólucros de plástico velhos álbuns impressos em papel vagabundo, constituindo um arquivo de uma literatura frequentemente menor, muitas vezes até péssima, mas que deve permanecer ao menos como documento de costumes. E deve-se ao colecionismo a exumação das ilustrações originais de muitos grandes artistas dos quadrinhos (já à venda a preços astronômicos — uma das primeiras ilustrações de Flash Gordon por Alex Raymond vale no mínimo cinquenta mil dólares), ilustrações que, de outro modo, talvez as redações tivessem mandado à picotadora ou deixado mofar em porões.

Os livros não morrem só por conta própria. Volta e meia são destruídos. Nas primeiras décadas do nosso século assistiu-se à queima dos livros "degenerados" feita pelos nazistas em Nuremberg. Era um gesto simbólico, certo, porque nem mesmo os nazistas quereriam destruir todo o patrimônio livresco de seu país. Mas são símbolos que importam. Temam aquele que destrói, censura, proíbe os livros: ele quer destruir ou censurar nossa memória. Quando percebe que os livros são demasiados, e incapturáveis, e que a memória vegetal permanece ameaçadora, então destrói memórias animais, cérebros, corpos humanos. Começa-se sempre pelo livro, depois instalam-se as câmaras de gás.

Uma anotação no mínimo curiosa: o gás Zyklon que servia para massacrar os judeus nos campos de extermínio ainda está no comércio: é aconselhado para câmaras de desinfestação de móveis e livros ameaçados por cupins. Provavelmente funciona muito bem, e é justo que seja usado para fins tão pacíficos: mas, quando me foi proposto, o nome me deu medo e eu o recusei. Por outro lado, aconselharam-me outro recurso para manter longe

♦ 25 ♦

UMBERTO ECO

as brocas, sem matá-las. Um despertador grande, daqueles que nossas avós tinham na cozinha e que fazem um tique-taque infernal. À noite, quando as brocas se dispõem a sair a descoberto, o despertador faz vibrar a estante sobre a qual está pousado e as brocas, apavoradas, não saem. Não que a solução seja piedosamente ecológica: não podendo sair, elas morrem de fome. De qualquer modo, sempre será necessário escolher: ou elas ou nós.

Há outros inimigos dos livros: aqueles que os escondem. Há muitos modos de esconder os livros. Não criando uma rede suficiente de bibliotecas volantes, escondem-se os livros, que afinal custam dinheiro, das pessoas que não os podem comprar. Dificultando o acesso às bibliotecas, de tal modo que para pedir dois livros seja necessário preencher dez fichas e esperar uma hora, subtraem-se os livros aos seus consumidores normais. Também se escondem os livros abandonando nossas grandes bibliotecas históricas à deterioração. É preciso combater aqueles que escondem os livros, porque são tão perigosos quanto as brocas. Não usaremos o Zyklon, mas as armas políticas e civis mais adequadas. Mas devemos saber que eles são inimigos de nossa memória coletiva.

4. Afirma-se que os novos meios de informação vão matar o livro. Já se disse que o livro mataria meios de informação mais antigos. No *Fedro* de Platão conta-se como teria reagido o faraó Thamus depois que o deus Thot, ou Hermes, apresentou-lhe sua novíssima invenção, a escrita:

> Mas então chegou-se à escrita: "Esta ciência, ó rei", disse Thot, "tornará os egípcios mais sábios e mais aptos a recordar, porque esta descoberta é um remédio proveitoso tanto à me-

♦ 26 ♦

A MEMÓRIA VEGETAL

mória quanto à doutrina." E o rei disse: "Ó engenhosíssimo Thot, quem é hábil para gerar as artes não o é para julgar qual vantagem ou qual dano podem advir delas a quem as praticar. E assim, tu, como pai das letras, em tua benevolência por tua criação afirmaste o contrário daquilo que as letras proporcionam. Na verdade, ao dispensarem o exercício da memória, elas produzirão o olvido na alma daqueles que as tiverem aprendido, uma vez que, confiando na escrita, recordarão por meio desses sinais exteriores, e não por si mesmos, por um esforço interior ..."

Agora sabemos que Thamus estava errado. A escrita não só não eliminou a memória, como também a potencializou. Nasceu uma escrita da memória e nasceu a memória dos escritos. Nossa memória se fortalece recordando os livros e fazendo-os falar entre si. Um livro não é uma máquina para bloquear, registrando-os, os pensamentos. É uma máquina para produzir interpretações e, por conseguinte, para produzir novos pensamentos.

Há uma outra página, escrita no século passado, mas que recorda quais podem ter sido os sentimentos de quem via nascer o novo instrumento, o livro impresso, na segunda metade do século XV. Victor Hugo, em *Notre-Dame de Paris*, narra uma cena desenvolvida entre o arquidiácono Frollo e o médico do rei da França.

Frollo

abrindo a janela da cela, apontou a imensa igreja de Notre-Dame, que, recortando no céu estrelado a silhueta negra de suas duas torres ... parecia uma enorme esfinge de duas cabeças, sen-

♦ 27 ♦

tada no meio da cidade. Por alguns instantes o arquidiácono considerou em silêncio o gigantesco edifício e depois, estendendo com um suspiro a mão direita para o livro impresso que estava aberto sobre sua mesa e a mão esquerda para Notre-Dame, disse: "Ai de nós, isto matará aquilo."

Depois dessa cena, Hugo, com sua costumeira retórica — aquela que fez Gide afirmar que Hugo era o maior escritor francês, infelizmente (*hélas*) —, dedica algumas páginas ao glorioso passado da arquitetura sacra, àquele templo de Salomão sobre cujos círculos concêntricos os sacerdotes podiam ler o verbo traduzido pelos olhos, recordando como durante os primeiros seis mil anos do mundo, do mais imemorial dos pagodes do Hindustão até a catedral de Colônia, a arquitetura havia sido a grande escrita do gênero humano. Agora, no momento em que Frollo fala, o modo de expressão da humanidade está se transformando radicalmente e tem-se a definitiva troca de pele daquela serpente que, desde os dias de Adão, representa a inteligência.

Sob a forma impressa, o pensamento é mais imperecível do que nunca; faz-se volátil, inapreensível, indestrutível. Mistura-se com o ar. No tempo da arquitetura, o pensamento fazia-se montanha e apoderava-se possantemente de um século e de um lugar. Agora faz-se revoada de pássaros, espalha-se aos quatro ventos, e ocupa ao mesmo tempo todos os pontos do ar e do espaço.

A arquitetura, diz Hugo (que tinha ante seus olhos muita arquitetura péssima do início do século XIX), está destinada ao declínio, desseca-se, atrofia-se, desnuda-se, o vidro substitui o vitral. E, ao contrário, a imprensa cresce, compõe o edifício mais colossal dos séculos modernos, um formigueiro de inteligências passa a erigir uma construção que se amplifica em espirais sem fim. "É a segunda torre de Babel do gênero humano."

Em seu orgulho luciferino, Hugo não previa que essa torre poderia desabar um dia. Ele vislumbra bem o papel que a imprensa terá no mundo moderno, mas engana-se ao representar seu duelo mortal com a arquitetura. Certamente, a arquitetura perde a função enciclopédica que antes possuía, já não transmite noções, torna-se símbolo, função, máquina, mas nem por isso torna-se menos bela e menos fundamental para a cultura humana.

Creio que os que deploram o declínio da alfabetização diante dos novos meios visuais e da informação eletrônica virão um dia a ser tão patéticos quanto Hugo nos parece hoje, em grande parte. Certamente a imprensa perderá algumas funções que teve no passado. Os jornais já estão se tornando algo diferente das velhas gazetas, porque aquilo que as gazetas faziam, dar informações frescas, agora é feito com antecedência de doze horas pela televisão. Talvez não mais precisemos imprimir horários ferroviários, tão difíceis de consultar, se pudermos adquirir na banca de jornais pequenas geringonças eletrônicas a serem usadas para uma estação, nas quais, escrevendo Milão-Battipaglia, veremos com uma simples olhadela todas as possibilidades que teremos de fazer esse trajeto.

Mas ninguém pode usar um computador se não dispuser de uma impressora que transforme em página escrita os dados inseridos ou elaborados. Na tela do computador só podemos ler dados breves, e por um tempo breve. Também podemos receber e ler uma

UMBERTO ECO

carta de amor, se ela for breve e se tivermos o modem necessário, pois o que conta não é o meio, mas as coisas ditas ali e o estado de espírito em que a lermos. Mas, se a carta de amor for longa, precisaremos imprimi-la, para poder lê-la num cantinho secreto.

Faz alguns milhares de anos que a espécie se adaptou à leitura. O olho lê e o corpo inteiro entra em ação. Ler significa também encontrar uma posição apropriada, é um ato que envolve o pescoço, a coluna vertebral, os glúteos. E a forma do livro, estudada durante séculos e ajustada sobre formatos ergonomicamente mais adequados, é a forma que esse objeto deve ter para ser segurado pela mão e levado à correta distância do olho. Ler tem a ver com nossa fisiologia.

Permitam-me terminar com uma última página de outro grande livro: é o final do capítulo quatro do *Ulisses* de Joyce. A alguns, a página poderá parecer vulgar. Nesse caso, que consultem seus psicanalistas, porque a página é sublime.

Leopold Bloom, de manhã cedo, vai ao banheiro e defeca. Enquanto defeca, lê:

> Leu tranquilamente, contendo-se, a primeira coluna, e, cedendo mas resistindo, atacou a segunda. A meio caminho, derrubada sua última resistência, permitiu que seus intestinos se liberassem com comodidade enquanto ainda lia pacientemente, desaparecida de todo aquela leve constipação de ontem. Espero que não seja grosso demais, não vá me estourar as hemorroidas. Não, justo justo. Assim. Ah! Constipado, uma pílula de cáscara-sagrada. A vida poderia ser assim. Não o tinha comovido ou tocado mas era uma coisa ágil e limpa. Agora imprimem qualquer coisa. Estação morta. Continuava a ler,

A MEMÓRIA VEGETAL

sentado calmo sobre seu odor ascendente. Limpa certamente. *Matcham pensa com frequência no golpe de mestre com o qual conquistou a bruxinha risonha que ora.* Começa e acaba moralmente. *A mão na mão.* Tudo em cima. Repercorreu com o olhar o que havia lido e, enquanto sentia sua água escorrer tranquilamente, invejava sem maldade aquele valoroso Mr. Beaufoy que o tinha escrito e havia recebido em pagamento três libras esterlinas treze xelins e seis pence.

O ritmo da leitura acompanha o do corpo, o ritmo do corpo acompanha o da leitura. Não se lê apenas com o cérebro, lê-se com o corpo inteiro, e por isso sobre um livro nós choramos, e rimos, e lendo um livro de terror se nos eriçam os cabelos na cabeça. Porque, mesmo quando parece falar só de ideias, um livro nos fala sempre de outras emoções, e de experiências de outros corpos. E, se não for somente um livro pornográfico, quando fala de corpos sugere ideias. Tampouco somos insensíveis às sensações que as polpas dos dedos experimentam ao tocá-lo, e certos infelizes experimentos feitos com encadernações ou até páginas de plástico nos dizem o quanto a leitura é também uma experiência tátil.

Se a experiência do livro ainda os intimida, comecem, sem temor, a ler livros no banheiro. Descobrirão que também os senhores têm uma alma.

Conferência pronunciada em Milão em 23 de novembro de 1991 na Sala Teresiana da Biblioteca Nazionale Braidense. Mais tarde publicada como opúsculo em edição numerada pelas Edizioni Rovello, 1992.

◆ 31 ◆

Reflexões sobre a bibliofilia

Uma coisa é falar de bibliofilia a bibliófilos, outra é falar disso a pessoas, por assim dizer, normais. O verdadeiro tormento de um colecionador de livros valiosos é que, se colecionasse quadros do Renascimento ou porcelanas chinesas, ele os manteria na sala e todas as visitas ficariam extasiadas. O bibliófilo, porém, nunca sabe a quem mostrar os próprios tesouros: os não bibliófilos dão uma olhada distraída naquilo e não compreendem por que um livreco seiscentista in-doze, de folhas avermelhadas, pode representar o orgulho de quem é o único a ter adquirido o último exemplar ainda em circulação; e com frequência os outros bibliófilos manifestam síndromes de inveja (também gostariam de possuir aquele livro e se irritam) ou de desprezo (pensam ter coisas muito mais raras em suas bibliotecas, ou então colecionam um assunto diferente do que você coleciona — ou seja, um aficionado de livros renascentistas de arquitetura pode ficar insensível diante do mais precioso acervo existente de panfletos rosacruzistas do século XVII).

A maior razão de desinteresse por parte das pessoas normais é que a bibliofilia é considerada uma paixão cara, que só pode ser cultivada por gente muito rica. Ora, é verdade que certos li-

♦ 33 ♦

vros antigos custam centenas de milhões, e que o último exemplar circulante da primeira edição em incunábulo da *Divina Commedia* foi arrematado em leilão por um bilhão e meio, mas o amor ao livro pode manifestar-se também através de coletas de primeiras edições modernas, que muitas vezes são desencavadas em bancas de usados a preços superacessíveis: circulando por sebos, um aluno meu colecionava somente guias turísticos de todos os países e épocas, e sempre circulando por sebos um jovem de modesta condição econômica pode topar com pequenas edições quinhentistas que ainda custam o valor de um jantar em pizzaria, mais cinema. O amor ao livro raro também pode começar nesses níveis, assim como muitos de nós, na juventude, colecionavam selos; não podiam permitir-se peças raras, claro, mas sonhavam com terras longínquas olhando em seus álbuns os selos de Madagascar ou das ilhas Fiji adquiridos — como se usava naqueles tempos — na papelaria, em envelopinhos de dez ou trinta, sem saber quais vinham ali dentro.

Narra a lenda que Gerbert d'Aurillac, ou seja, Silvestre II, o papa do ano 1000, devorado pelo seu amor aos livros adquiriu certo dia um inencontrável códice da *Farsália* de Lucano, em troca de uma esfera armilar em couro. Gerbert não sabia que Lucano não tinha podido terminar seu poema, porque nesse meio-tempo Nero o convidara a cortar as próprias veias. De modo que recebeu o precioso manuscrito mas achou-o incompleto. Todo bom apreciador de livros, depois de conferir o volume recém-adquirido, se o julgar incompleto devolve-o ao livreiro. Gerbert, para não se privar ao menos de metade do seu tesouro, decidiu enviar ao seu credor não a esfera inteira, mas só meia.

◆ 34 ◆

A MEMÓRIA VEGETAL

Acho essa história admirável, porque nos diz o que é a bibliofilia. Gerbert certamente queria ler o poema de Lucano — e isso nos diz muito sobre o amor pela cultura clássica, naqueles séculos que teimamos em considerar obscuros —, mas, se fosse só isso, teria pedido emprestado o manuscrito. Não, ele queria possuir aqueles fólios, tocá-los, talvez cheirá-los todo dia, e senti-los como coisa própria. E um bibliófilo que, depois de tocar e cheirar, acha que o livro está capenga, que lhe falta nem que seja apenas o colofão ou um fólio de errata, tem a sensação de um *coitus interruptus*. O fato de o livreiro lhe devolver o dinheiro (ou aceitar só meia esfera armilar) não cura o bibliófilo de sua dor. Ele podia ter a primeira edição do livro amado, e com margens amplas, sem vermelhidões nem furos de brocas, mas seu sonho se esfuma: topa com um livro mutilado, e nenhuma indulgência pelo *politically correct* poderá convencê-lo a amar aquela desventurada criatura.

O que é a bibliofilia?

A bibliofilia é certamente o amor aos livros, mas não necessariamente ao conteúdo deles. Sem dúvida há bibliófilos que colecionam por assunto e até leem os livros que acumulam. Mas, para ler muitos livros, basta ser rato de biblioteca. Não, o bibliófilo, ainda que atento ao conteúdo, quer o objeto, e que este seja, se possível, o primeiro saído das prensas do tipógrafo. A tal ponto que existem bibliófilos, que eu não aprovo mas compreendo, os quais, possuindo um livro intonso, não lhe separam as páginas para não violar o objeto conquistado. Para eles, separar as páginas do livro raro seria como, para um colecionador de relógios, quebrar o tambor a fim de ver o mecanismo.

♦ 35 ♦

O amante da leitura, ou o estudioso, gosta de sublinhar os livros contemporâneos, até porque, à distância de anos, um certo tipo de sublinhado, um sinal à margem, uma variação entre hidrográfica preta e hidrográfica vermelha lhe recordam uma experiência de leitura. Eu possuo uma *Philosophie au Moyen Age* de Gilson, dos anos 1950, que me acompanha desde os dias da defesa de tese até hoje. O papel daquele período era infame, o livro já se esfarela mal a gente o toca ou tenta virar as páginas. Se ele fosse para mim um simples instrumento de trabalho, eu só precisaria comprar uma nova edição, encontrável a bom preço. Poderia até gastar dois dias sublinhando de novo todas as partes anotadas, reproduzindo cores e estilo das minhas notas, que foram mudando ao longo dos anos e das releituras. Mas não posso me resignar a perder aquele exemplar, que com sua frágil vetustez me recorda meus anos de formação e os seguintes, e que portanto é parte das minhas lembranças.

Pode-se sublinhar, mesmo que só à margem, os livros raros? Em tese, um exemplar perfeito, se não intonso, deve ser de grandes margens, branco, com páginas que crepitam sob os dedos. Mas certa vez adquiri um Paracelso, de escasso valor do ponto de vista antiquário, porque se tratava de um só volume da 1ª edição da *opera omnia* compilada por Huser, 1589-1591. Se a obra não está completa, que graça tem? Mas, encadernado em meio-couro coevo, com nervuras na lombada, uniformemente escurecido, firma manuscrita no frontispício, todo o volume é permeado de sublinhados em vermelho e preto e de notas marginais coevas, com títulos vermelhos em versalete, e coletânea latina do texto alemão. O objeto é belíssimo de se ver, as notas se confundem com o texto impresso, e muitas vezes eu o folheio com o prazer

A MEMÓRIA VEGETAL

de reviver a aventura intelectual de quem o assinalou com o próprio testemunho manual.

Friso, portanto, que a bibliofilia é o amor ao objeto livro mas também à sua história, como comprovam os preços dos catálogos que privilegiam exemplares, embora não perfeitos, com sinais de posse. Qualquer um deseja um exemplar do mais belo livro já impresso, a *Hypnerotomachia Poliphili*, e o deseja perfeito, sem nódoas e sem brocas, com margens largas e, se possível, em fólios soltos, ainda não encadernados. Mas o que faríamos nós e os antiquários se circulasse um exemplar com cerradas notas à margem feitas por James Joyce, e em gaélico?

Não sou agitado por uma tal *hybris* insana a ponto de enfear com esferográfica o meu exemplar da *Hypnerotomachia*, fiando-me no aumento do seu valor nos séculos futuros, mas admito que, se preciso estudar no livro raro, ouso fazer sinais a lápis na margem, suficientemente leves para um dia poderem ser eliminados com borracha, e isso me ajuda a sentir o livro como coisa minha. Sou, por conseguinte, um bibliófilo, e não um bibliômano.

Bibliomania

Qual é a diferença entre bibliofilia e bibliomania? A literatura sobre o assunto é enorme, e, por estranhas razões, se no século passado os franceses escreveram coisas magníficas a respeito, neste século a bibliografia dos "Books on Books" é característica anglo-saxônica. Já que, nesta minha conversa, não pretendo fazer trabalho erudito, limito-me a citar, para a bibliomania, *A Gentle Madness*, de Nicholas A. Basbanes (Nova York, Holt, 1995) e, para um pacato e arguto discurso sobre a bibliofilia, o recente

Collezionare libri, de Hans Tuzzi (Milão, Edizioni Sylvestre Bonnard, 2000).

Para estabelecer uma linha limítrofe entre bibliofilia e bibliomania, darei um exemplo. O livro mais raro do mundo, no sentido de que provavelmente já não existem exemplares em circulação livre no mercado, é também o primeiro, a saber, a Bíblia de Gutenberg. O último exemplar circulante foi vendido em 1987 a compradores japoneses por algo como sete bilhões — ao câmbio da época. Se aparecesse um próximo exemplar, não valeria sete bilhões, mas setenta, ou um trilhão.

Então, todo colecionador tem um sonho recorrente. Encontrar uma velhinha de noventa anos que tem em casa um livro que ela quer vender sem saber do que trata, contar as linhas, ver que são 42 e descobrir que é uma Bíblia de Gutenberg, calcular que a coitadinha só dispõe de mais uns poucos anos de vida e precisa de cuidados médicos, decidir subtraí-la à avidez de um livreiro desonesto que provavelmente lhe daria alguns milhões (e ela, felicíssima), oferecer-lhe duzentos milhões com os quais ela se arranjaria, extasiada, até a morte, e levar para casa um tesouro.

Depois disso, o que aconteceria? Um bibliômano manteria o exemplar secretamente para si, e nada de mostrá-lo, porque só de falar nisso os ladrões de meio mundo se mobilizariam, e assim ele deveria folheá-lo sozinho no meio da noite, como um Tio Patinhas tomando banho nos seus dólares. Um bibliófilo, ao contrário, gostaria que todos vissem aquela maravilha e soubessem que é sua. Então escreveria ao prefeito de sua cidade para pedir que este a abrigasse no salão principal da biblioteca municipal, pagando com fundos públicos todas as enormes despesas de seguro e vigilância, e lhe concedesse o privilégio de ir vê-la,

A MEMÓRIA VEGETAL

junto com seus amigos bibliófilos, sempre que desejasse, e sem entrar na fila. Mas que prazer seria esse de possuir o objeto mais raro do mundo sem poder se levantar às três da manhã e ir folheá-lo? Eis o drama: ter a Bíblia de Gutenberg seria como não a ter. Então, por que sonhar com aquela utópica velhinha? Pois bem, o bibliófilo sonha sempre com isso, como se fosse um bibliômano.

Roubar livros

O bibliômano rouba livros. Também poderia roubá-los o bibliófilo, impelido pela indigência, mas em geral o bibliófilo considera que, se para ter um livro não realizou um sacrifício, não há prazer da conquista (a diferença equivale à de possuir uma mulher porque você a fascinou ou possuí-la por estupro). Por outro lado, conta-se de um grande antiquário que teria dito: "Se você não consegue vender um livro, no próximo catálogo dobre-lhe o preço."

O bibliômano rouba livros com gesto desenvolto enquanto conversa com o livreiro: aponta-lhe uma edição rara na prateleira alta e faz sumir outra, igualmente rara, embaixo do paletó; ou então rouba partes de livros circulando por bibliotecas onde corta com gilete as páginas mais apetecíveis. Eu me orgulho de possuir uma *Crônica de Nuremberg* com a cobiçada estampa treze dos monstros, ao passo que numa biblioteca de Cambridge vi um exemplar sem essa estampa, cortada e levada por um bibliômano endemoniado.

Existem pessoas de boa cultura, satisfatória condição econômica, fama pública e reputação quase imaculada, que roubam livros. Roubam por incontível paixão e gosto pelo calafrio, como os ladrões fidalgos que só roubam joias famosas. O ladrão bibliômano se envergonharia de roubar uma pera da barraca do quitandeiro, mas julga excitante e cavalheiresco roubar livros, como se a dignidade do objeto desculpasse o furto deste. Se pudesse, ele roubaria tantos livros que já nem teria tempo de examiná-los. É roído pelo frenesi da posse.

O maior ladrão de livros que a história da bibliomania registra é um senhor que se chamava, *nomen omen*, Guglielmo Libri. Era um insigne matemático italiano do século XIX, tornado eminente cidadão francês (Legião de Honra, Collège de France, Membro da Académie, Inspetor-Geral das Bibliotecas). É certo que Libri se tornou benemérito ao visitar todas as mais abandonadas bibliotecas da França, localizando e classificando obras raríssimas que jaziam esquecidas: mas talvez se tenha comportado como aqueles grandes arqueólogos que gastam a vida trazendo à luz tesouros perdidos dos países do Terceiro Mundo e julgam que levar para casa uma parte daquilo que encontram é uma honesta compensação à própria fadiga. Libri deve ter exagerado: o fato é que à sua atividade seguiu-se um escândalo público, e nisso ele perdeu todos os seus cargos e a reputação, tendo acabado sua vida no exílio, perseguido por mandados de captura. É verdade que, pela inocência de um homem tão célebre e estimado, lutaram alguns dos mais belos nomes da cultura francesa e da italiana, tais como Guizot, Mérimée, Lacroix, Guerrazzi, Mamiani e Gioberti, todos dispostos a jurar que Libri tinha sido vítima de uma perseguição política. Não sei dizer o quanto Libri era de fato culpado, mas o fato é que havia acumulado quarenta mil textos antigos, entre livros e manuscritos raríssimos, e sem dúvida a quantidade induz à suspeita.

A MEMÓRIA VEGETAL

Libri era certamente um bibliófilo: achou que aqueles livros estariam melhor em sua casa, paparicados e amados, do que em alguma biblioteca de província onde ninguém jamais os procuraria. Mas, por ter amado muitos, sem dúvida não terá podido amá-los um por um. Sepultados na origem, eles retornavam sepultados ao destino. Por isso, Libri era também um bibliômano. Ademais, sepultar os livros coincide com a biblioclastia.

Biblioclastia

Existem três formas de biblioclastia: fundamentalista, por incúria e por interesse. O biblioclasta fundamentalista não odeia os livros como objetos: teme-lhes o conteúdo e não quer que outros os leiam. Além de criminoso, é também um louco, pelo fanatismo que o anima, mas a história só registra casos excepcionais de biblioclastia, como as fogueiras dos nazistas ou o incêndio da biblioteca de Alexandria, que (segundo uma lenda hoje considerada falsa) foi queimada por um califa baseado no princípio de que ou todos aqueles livros diziam a mesma coisa sobre o Corão, e portanto eram inúteis, ou diziam coisas diferentes, e portanto eram danosos.

A biblioclastia por incúria é aquela de muitas bibliotecas italianas, tão pobres e tão malcuidadas que não raro se tornam locais de destruição do livro; porque um modo de destruir livros é deixá-los deteriorar-se ou fazê-los desaparecer em recônditos inacessíveis.

O biblioclasta por interesse destrói os livros porque, vendendo-os aos pedaços, lucra muito mais do que vendendo-os inteiros.

Leio o catálogo recente de uma casa de leilões e encontro: "Sebastian Münster, Civitella ... Xilografia, fólio integral mm.

♦ 41 ♦

325 x 221. Boas margens. No verso, batalha. Texto em alemão fte. e v. Não aquarelada. Aparentemente, extraída de uma das primeiras ed. em alemão da *Cosmographia*, Basileia, c. 1570." Lance inicial, 500-600 mil liras.

Se o aficionado aparecer, a peça pode até sair por uma soma superior, quem sabe, as xilografias de Münster são agradáveis, e mesmo as páginas de texto são tipograficamente interessantes. As margens declaradas são boas (um exemplar mais do que aceitável pode ter trinta e um por vinte e meio, e o colecionador fica satisfeito). A xilografia não é colorida, mas paciência. A edição não se inclui realmente entre as "primeiras", porque partiu-se de 1541, e entre essa data e 1570 houve pelo menos duas em alemão, três em italiano, uma em francês e uma em boêmio — e minhas informações sequer são completas. Ainda assim, se o papel é fresco, e com as margens que tem, não faltará quem queira emoldurá-lo.

Era uma vez Mister Salomon, um velho livreiro em Nova York, na esquina da 3rd Avenue com a 9th Street (hoje é falecido, e a loja é mantida em funcionamento pela filha, mas creio que esta continua a sobreviver do acervo acumulado pelo pai), de quem comprei, por somas que iam de um a dois dólares, belíssimas páginas de livros antigos, ótimas para decorar a casa de campo, e por umas poucas dezenas de dólares enchi duas paredes com imagens de cavaleiros, frades e monjas de Bonanni, coloridas *au pochoir*. Ele me dizia: "Eu faço vandalismo democrático. A quem nunca poderá se permitir possuir a *Crônica de Nuremberg*, dou uma página por não muitos dólares. Mas que fique claro: só compro livros já condenados à picotadora."

A MEMÓRIA VEGETAL

Pode ser. Mas quanto convém desmanchar um livro completo? Façamos umas contas. O que pode valer um Münster 1570 eu não sei. Sei que as cópias de outras datas, aparecidas recentemente em catálogos, dão indicações do tipo: Kistner 1555, couro suíno de época com fechos, fresca e bem marginada no conjunto, vinte e cinco milhões; Hünerdorff 1559, trinta e quatro milhões; Martayan Lan 1559, sessenta milhões; Reiss, 1564, compósita, vinte e oito milhões. Uma outra, Intersigne, P.a.R. (o que significa muito). O exemplar desaparecido, do qual provém a página em leilão, considerando as margens amplas, poderia ser avaliado por alto em trinta milhões.

Ora, a *Cosmographia* tem mais de mil páginas e umas quarenta vistas de cidades em página dupla, das quais três quase sempre dobradas várias vezes, em geral 14 mapas geográficos em página dupla, mais umas noventa xilografias inseridas no texto. Na minha Basel 1554 não consegui identificar uma imagem de Civitella com uma batalha no verso, mas não há nada de estranho, porque o livro se enriquecia de novas partes do mundo à medida que se avançava. Em todo caso, deve tratar-se de xilografia no texto, e não de um dos mapas duplos ou triplos, do contrário não se falaria de fólio isolado.

Portanto, se hoje se desmanchasse uma *Cosmographia* 1570, calculando que ao menos quatrocentas folhas contêm belas xilografias ou *in recto* ou *in verso*, a seiscentos mil cada uma seria possível obter duzentos e quarenta milhões. Mas, pelas sessenta e quatro páginas duplas (e não estou considerando as estampas dobradas várias vezes), chutando em proporção pelo menos dois milhões por página ou vista, poderiam obter-se outros cento e vinte e oito. Ao todo, mal e mal, uns trezentos milhões. Trezentos embolsados por trinta investidos é um belo rendimento.

Naturalmente, a cópia completa que aparecerá depois no mercado, por ter-se tornado mais rara, custará o dobro, e o dobro custarão as estampas soltas. Assim, de um só golpe, destroem-se obras de valor incomensurável, obrigam-se os colecionadores a sacrifícios insustentáveis e aumenta-se o preço das estampas isoladas. Sei que não estou contando histórias ignotas aos colecionadores. Por isso é que um Ortelius completo, só para dar um exemplo, custa o que custa: por que conservar o livro, se é mais conveniente desmembrá-lo?

Não creio que existam meios para deter essa forma progressiva de vandalismo bem pouco democrático. Tempos atrás, alguém propôs fazer uma espécie de resistência passiva: de agora em diante, nenhum colecionador comprará folhas soltas. Mas o mercado das folhas soltas é infinitamente mais vasto que o dos colecionadores, abrange até o público que manda o decorador adquirir volumes a metro. Uma lei que obrigasse a provar, para cada folha solta, que ela provém de um exemplar irremediavelmente incompleto? Mas quem pode controlar de onde vem uma página isolada que entra no mercado? E o que significa "irremediavelmente incompleto" no caso de certas obras? Se bem me lembro, a Pierpont Morgan Library tem duas Bíblias de Gutenberg, e uma está incompleta, mas é mantida com todo o carinho, e quem hoje desmanchasse uma 42 linhas só porque ela é incompleta seria como alguém que demolisse o Partenon para depois vender as pedras no varejo.

Assim, não vejo solução, nem me animo a criticar aqueles que, tendo conseguido a posse de uma página da *Cosmographia* sem arcar com a culpa de tê-la arrancado grosseiramente de um volume original, decidem colocá-la à venda.

Só restaria difundir critérios de bom gosto: quem exibe em casa uma página emoldurada de volume antigo é um cafona, e por isso mesmo demonstra sua incultura. Para apoiar essa campanha eu me disporia a desfazer-me dás belas páginas coloridas que durante anos pendurei nas minhas paredes, encontrando-as aqui e ali. Não seria impossível criar um esnobismo de massa, pelo qual quem tem uma folha de livro na parede é como se tivesse um macaquinho no vidro traseiro do utilitário. Mas esse critério esnobe também vale hoje para quem tem pelo menos uma poderosa cilindrada, e não para quem cola no utilitário até os adesivos de um time de futebol. E depois, como pedir aos livreiros que não vendam os milhares de folhas soltas que possuem no estoque, e dos quais se sustentam na iminência das férias natalinas?

Em suma, não há solução, afora um apelo à honestidade. Os livros demasiadamente bem ilustrados estão fadados a desaparecer (menos aqueles custodiados em bibliotecas — e mesmo para eles há sempre o risco da gilete), ou a custar além das possibilidades humanas do colecionador.

É difícil despedaçar uma catedral, ou a Capela Sistina, mas os livros são ameaçados até por quem os ama tanto (ou tão pouco) que deseja possuí-los nem que seja a retalho.

Um bem que se esgota

O problema é que, independentemente da biblioclastia, o livro antigo é um objeto destinado cada vez mais a desaparecer do mercado. Imaginemos o seguinte. Se os senhores herdarem do falecido papai um móvel Luís XV, uma tela da escola ferrarense, um diamante, podem decidir vendê-los. Assim se alimenta o mercado do antiquariato. E fazem o mesmo se o papai tiver juntado umas dezenas de livros setecentistas, o que explica por que os decoradores podem adquirir em sebos *Les aventures de Télémaque* em suas várias edições, tanto que o bibliófilo esperto sabe que, se ao visitar a casa de um senhor de boa condição econômica vir nas prateleiras *Les aventures de Télémaque* e algum tratadinho de filosofia do período iluminista, seu anfitrião é um *parvenu* que mandou o arquiteto escolher os livros a metro.

Porém, se o papai tiver sido um colecionador de verdade, não terá adquirido livros por acaso, mas sim reunido uma coleção temática, e quando era vivo não queria que ela desaparecesse, portanto deve tê-la deixado em testamento para alguma instituição pública. Ou então os herdeiros, vendo-se diante de uma coleção completa, não serão bobos de liquidá-la no sebo e a confiarão à Christie's ou à Sotheby's. Em seguida a coleção será adquirida por uma biblioteca americana ou por um banco japonês, e daqueles recônditos não sairá mais. Isso explica por que o preço dos livros antigos, especialmente se formarem coleção, cresce a um ritmo superior àquele dos móveis ou das joias. Chegará um dia em que, para joias, móveis barrocos, telas renascentistas, ainda haverá mercado, ao passo que os livros se terão tornado objetos inalienáveis.

A biblioteca

O bibliófilo junta livros para ter uma biblioteca. Parece óbvio, mas a biblioteca não é uma soma de livros, é um organismo

A MEMÓRIA VEGETAL

vivo, com vida autônoma. Uma biblioteca doméstica não é apenas um lugar no qual se juntam livros: é também um lugar que os lê por nós. Explico-me. Creio que, a todos os que têm em casa um número bastante alto de livros, já aconteceu passar anos com o remorso de não ter lido alguns deles, os quais durante anos nos espiam das prateleiras como para nos recordar nosso pecado de omissão. Com maior razão, isso acontece numa biblioteca de livros raros, que às vezes estão escritos em latim ou mesmo em línguas ignotas (convém lembrar que certos bibliófilos colecionam encadernações, e para ter uma bela encadernação podem adquirir um livro em copta). Ademais, um belo livro antigo pode ser também chatíssimo. Creio que todo aficionado gostaria de ter os quatro volumes do *Oedipus Aegyptiacus* de Kircher, cujas ilustrações são fascinantes, mas não conseguiria ler o texto, lancinantemente complexo.

Mas, volta e meia, um dia pegamos por acaso um desses livros desprezados, começamos a ler aqui e ali e percebemos que já sabíamos tudo o que ele diz. Esse fenômeno singular, sobre o qual muitos poderão dar testemunho, só tem três explicações razoáveis. A primeira é que, tendo tocado várias vezes aquele livro ao longo dos anos, para mudá-lo de lugar, desempoeirá-lo, ou mesmo só para empurrá-lo a fim de pegar outro, algo de seu saber se transmitiu, através das polpas dos nossos dedos, ao nosso cérebro, e nós o lemos pelo tato, como se ele estivesse em alfabeto Braille. Eu sou sequaz do Cicap* e não creio nos fenômenos paranormais, mas neste caso sim, até porque não me parece que

---

*Comitato Italiano per il Controllo delle Affermazioni sul Paranormale. (*N. da T.*)

♦ 47 ♦

o fenômeno seja paranormal: é normalíssimo, certificado pela experiência cotidiana.

A segunda explicação é que não é verdade que não lemos aquele livro: sempre que o deslocávamos ou o desempoeirávamos, dávamos uma olhada nele, abríamos casualmente umas páginas, alguma coisa no aspecto gráfico, na consistência do papel, nas cores, falava de uma época, de um ambiente. E assim, um pouquinho a cada vez, absorvemos grande parte daquele livro.

A terceira explicação é que, no decorrer dos anos, líamos outros livros nos quais se falava também daquele, e assim, sem perceber, acabamos sabendo o que ele dizia (quer se tratasse de um livro célebre, do qual todos falavam, quer fosse um livro banal, de ideias tão comuns que as encontrávamos continuamente em outros lugares).

Na verdade, creio que são verdadeiras as três explicações. Todos esses elementos, reunidos, "aglutinam-se" miraculosamente e, juntos, concorrem para nos tornar familiares aquelas páginas que, legalmente falando, jamais tínhamos lido.

Naturalmente o bibliófilo, até e especialmente o que coleciona livros contemporâneos, está exposto à insídia do imbecil que entra na sua casa, vê todas aquelas prateleiras que você mantém, e pronuncia: "Quantos livros! Já leu todos?" A experiência cotidiana nos diz que essa pergunta é feita inclusive por pessoas de quociente intelectual mais que satisfatório. Diante de tal ultraje existem, que eu saiba, três respostas-padrão. A primeira bloqueia o visitante e interrompe qualquer relação, e é: "Não li nenhum, do contrário por que os teria aqui?" Esta, porém, gratifica o importuno, lisonjeando sua sensação de superioridade, e não vejo motivo para lhe fazer tal favor.

A segunda resposta precipita o importuno em um estado de inferioridade, e dispara: "Mais, caro senhor, muitos mais!"

A terceira é uma variação da segunda, e eu a uso quando quero que o visitante caia em doloroso estupor. "Não", digo, "os que já li eu mantenho na universidade, estes são os que devo ler até a próxima semana". Como minha biblioteca milanesa tem trinta mil volumes, o infeliz se limita a antecipar o momento da despedida, alegando compromissos repentinos.

O que o desgraçado não sabe é que a biblioteca não é somente o lugar da sua memória, onde você conserva o que leu, mas o lugar da memória universal, onde um dia, no momento fatal, será possível encontrar aqueles outros que leram antes de você.

Um repositório no qual, no limite, tudo se confunde e gera uma vertigem, um coquetel da memória douta, mas o que importa? Eis o conteúdo virtual de uma biblioteca: *Messieurs les anglais, je me suis couché de bonne heure. Tu quoque, alea! Licht, mehr Licht über alles.* Aqui se faz a Itália ou se mata um homem morto. Soldado fugitivo, para, és belo. Irmãos da Itália, mais um esforço. O arado que traça o sulco serve para mais uma vez. A Itália está feita, mas não se rende. Que venha maio, combateremos à sombra. Três mulheres ao redor do coração e sem vento. A árvore à qual estendias a névoa nas hirtas colinas. Dos Alpes às Pirâmides foi à guerra e pôs o elmo. Frescas as minhas palavras à tardinha pelas quatro piadinhas ordinárias. Sempre livre sobre as asas douradas. Guido eu queria que no céu se descolorissem. Conheci o tremular, as armas, os amores. Fresca e clara é a noite, e o capitão. Eu me ilumino, piedoso boi. Às cinco da tarde encontrei-me numa selva escura. Setembro, vamos aonde florescem os limões. Espalhou as tranças macias, uma aguilhoada, um pinote: estes são os cadetes da Gasconha. Banho de lua, diz-me o que fazes. Condessa, afinal o que é a vida: três corujas sobre a cômoda.*

Bibliofilia e colecionismo

Esta espécie de confiança num repositório universal do saber, que fica à sua disposição, explica por que o bibliófilo não se empenha tanto em ler quanto em acumular. Nesse sentido, o bibliófilo corre o risco de tornar-se um colecionador. Eu gostaria de sublinhar a diferença entre colecionadores e bibliófilos. Os colecionadores querem ter tudo o que se pode recolher sobre um certo tema, e o que lhes interessa não é a natureza das peças isoladas, mas a completude da coleção. Tendem a acelerar os tempos. O bibliófilo, ainda que trabalhe sobre um tema, espera que a coleção não se complete nunca, que sempre exista ainda alguma coisa a procurar. E às vezes pode se apaixonar por um belo livro que não tem nada a ver com seu tema.

O colecionismo é uma paixão talvez milenar, os patrícios romanos colecionavam antiguidades gregas (inclusive falsas) e as crianças de hoje colecionam figurinhas. Colecionar é um modo de reapropriar-se de um passado que nos foge. Mas qual passado? Se você consultar a publicação mensal da Christie's, verá que se fazem leilões nos quais se vendem, a golpes de centenas de

---

*Para compor este seu "coquetel da memória douta", U. Eco justapõe, em cada frase, trechos oriundos das fontes mais díspares: de figuras históricas (Júlio César, Garibaldi, Mussolini) ao Evangelho, de libretos de óperas a provérbios, de letras de música popular a escritores como Voltaire, Proust, Dante, Carducci, D'Annunzio, Manzoni e outros menos conhecidos. (*N. da T.*)

A MEMÓRIA VEGETAL

milhões, não só telas, joias ou móveis, mas também *memorabilia* como um par de meias curtas que pertenceu ao duque de Windsor. Tudo bem, os ricos são malucos. Mas e os pobres, não? Em um único número da revista *Collezionare*, descobri certa vez quantas mostras ou feirinhas de objetos de coleção existem por aí. São procurados e oferecidos (junto com livros, revistas, selos, carros de época, bonecas, relógios, objetos maçônicos, cartões-postais, medalhas) adesivos e ingressos, cédulas e minicheques,* chaves, garrafas de Coca-Cola, lâminas de barbear, carteirinhas e diplomas. Uma seção refere-se apenas a *mignonnettes*, ou seja, miniaturas de garrafas de licor ou de vidros de perfume, até mesmo vazios. Um sujeito troca 150 perfumes *mignon* por selos italianos novos — pensam que do século XIX, do Reino Pontifício? Não, de 1978 a 1988. Por fim, na seção dedicada a Embalagens e Saquinhos, eis um belo anúncio: "Vocês têm embalagens de fruta? Também procuro saquinhos de açúcar, cheios". Um outro deseja embalagens de laranjas Moro Tarocco, e um terceiro, guardanapos de bar. Todas são paixões respeitáveis, por favor, mas me assalta a angústia daquele passado futuro que se consome ao nosso redor, a caixinha de amendoim que deixo (talvez até cheia) no Eurostar, o saquinho usado de Nescafé que vai acabar no lixo, junto com guimbas, maços de cigarro e caixas de fósforos Minerva (as de verdade**) vazias e desbeiçadas. Sinto-me um vândalo, um califa que incendeia a biblioteca de Alexandria. Como se dissipa assim a arqueologia de amanhã?

---

*Dos que circularam na Itália na segunda metade da década de 1970. (*N. da T.*)
**As "de mentira" seriam as da coletânea *La bustina di Minerva* (2000), de artigos publicados anteriormente pelo autor na revista *L'Espresso*. (*N. da T.*)

UMBERTO ECO

Às vezes, o bibliófilo e o colecionador coincidem. Conheci o doutor Morris Young, hoje um encantador velhinho de noventa anos, que, ganhando bem como oculista, passou a vida, junto com sua mulher, fazendo coleções. Colecionou muitas coisas, de materiais para prestidigitadores a livros sobre códigos militares. Quando a coleção se completava, ele perdia o gosto por aquele tema, vendia tudo e iniciava uma nova. Sua coleção de maior tamanho e sucesso foi sobre a memória. Conheci-o por isso, porque a recém-nascida universidade de San Marino queria enriquecer a própria biblioteca com alguns acervos de insigne raridade e eu tinha sabido por um livreiro de Nova York que Young queria vender seu conjunto de livros antigos sobre as mnemotécnicas. Eu conhecia a existência dele, porque quem coleciona *artes memoriae* conhece o catálogo Young, verdadeira mina de informações sobre todos os livros desse gênero. Procurei Young e descobri que ele possuía um acervo respeitável sobre artes da memória, um manuscrito, muitos incunábulos e as obras maiores dos séculos XVI, XVII e XVIII. Mas, ao mesmo tempo, compreendi por que ele queria vender: já não sabia onde guardar, mesmo dispondo de um segundo apartamento que mais parecia um brechó, tudo aquilo que havia recolhido sobre a memória, além dos livros raros.

Tinha todos os livros publicados nos séculos XIX e XX por psicólogos, especialistas em inteligência artificial, neurologistas e filósofos. Tinha um imenso repertório de jogos inspirados na memória, e outros *memorabilia*, que iam até xícaras com "Remember me" pintado em cima, sem falar de manuscritos e cartas de estudiosos da memória. Verdadeiro Funes el Memorioso da

♦ 52 ♦

A MEMÓRIA VEGETAL

Memória, ele havia colecionado tudo o que de algum modo podia recordar a memória. Já não lhe faltava nada, e então vendia. Como todo bom bibliófilo, vendia a uma entidade cultural, a fim de que seu patrimônio se tornasse inalienável e não se dispersasse. Era tão pouco bibliômano, porém, que agora se dispunha a desfazer-se dele.

O bibliófilo e o fim do livro

O bibliófilo não tem medo nem da Internet, nem dos CD-ROM nem dos *e-books*. Na Internet ele já encontra os catálogos de antiquários, nos CD-ROM as obras que um particular dificilmente poderia ter em casa, como os 221 volumes in-fólio da *Patrologia Latina* de Migne, num *e-book* estaria superdisposto a circular por aí com bibliografias e catálogos, tendo sempre consigo um repertório precioso, especialmente se e quando visita uma feira do livro antigo. Quanto ao resto, confia em que, até se os livros desaparecessem, sua coleção simplesmente duplicaria, que digo, decuplicaria de valor. Portanto, *pereat mundus*!

Mas o bibliófilo também sabe que o livro terá longa vida, e percebe isso justamente ao examinar com olhos amorosos as próprias estantes. Se tivesse sido gravada, desde os tempos de Gutenberg, em suporte magnético, toda aquela informação que ele acumulou teria conseguido sobreviver por duzentos, trezentos, quatrocentos, quinhentos, quinhentos e cinquenta anos? E teria sido transmitida antes de nós, com os conteúdos das obras, as marcas de quem as tocou, compulsou, anotou, atormentou e muitas vezes sujou com impressões de polegar? E alguém poderia apaixonar-se por um disquete como se apaixona por uma

♦ 53 ♦

página branca e dura, que faz crac-crac sob os dedos como se acabasse de sair da prensa?

Como é belo um livro, que foi pensado para ser tomado nas mãos, até na cama, até num barco, até onde não existem tomadas elétricas, até onde e quando qualquer bateria se descarregou, e suporta marcadores e cantos dobrados, e pode ser derrubado no chão ou abandonado sobre o peito ou sobre os joelhos quando a gente cai no sono, e fica no bolso, e se consome, registra a intensidade, a assiduidade ou a regularidade das nossas leituras, e nos recorda (se parecer muito fresco ou intonso) que ainda não o lemos...

A forma-livro é determinada pela nossa anatomia. Podem existir os enormes, mas estes em sua maioria têm função de documento ou de decoração; o livro-padrão não deve ser menor que um maço de cigarros ou maior que um tabloide. Depende das dimensões da nossa mão, e estas — ao menos por enquanto — não mudaram, queira ou não queira Bill Gates.

Função do bibliófilo é também aquela, para além da satisfação pessoal do seu desejo privado, de testemunhar sobre o passado e o futuro do livro. Lembro-me do primeiro salão do livro de Turim, quando reservaram ao livro antigo um grande corredor (depois, creio que esse belo hábito se perdeu). Visitavam a mostra os jovens das escolas, e alguns eu vi grudados às vitrines para descobrir pela primeira vez o que era um livro de verdade, não um fascículo descartável qualquer, um livro com todos os seus atributos no lugar certo. Eles me lembraram o bárbaro de Borges, quando vê pela primeira vez a obra-prima da arte humana que é uma cidade. Este havia caído de joelhos diante de Ravenna, e se fizera romano. Eu me contentaria se os jovens

A MEMÓRIA VEGETAL

de Turim tivessem levado para casa pelo menos uma emoção, talvez até uma broca benéfica.

Ah, eu ia esquecendo: também as brocas fazem parte da paixão do bibliófilo. Nem todas desvalorizam o livro. Algumas, quando não afetam o texto, parecem uma delicada renda. Eu, hoje confesso, também gosto delas. Naturalmente, ao livreiro que me vende o livro manifesto desprezo e nojo, para baixar o preço. Mas já disse aos senhores: por amor a um belo livro, a gente se dispõe a qualquer baixeza.

Publicado como opúsculo, em edição numerada, pelas Edizioni Rovello, 2001.

Colações de um colecionador

Permitam-me iniciar com algumas observações de um grande bibliógrafo e bibliófilo, que tenho o singular privilégio de citar livremente e impunemente — por direta ainda que implícita investidura, recebida no dia em que peguei um avião para ir encontrá-lo. Refiro-me ao prefácio escrito por Mario Praz para o Catálogo 15 da Libreria della Fiera Letteraria em 1931, poucos meses antes do meu nascimento, e benemeritamente reproduzido no volume *Bibliofobia*, com douta introdução de Roberto Palazzi, Pierre Marteau Editore, Roma, dezembro de 1988, em duzentos e setenta exemplares numerados de 1 a 270, mais algumas cópias fora do comércio marcadas HC, 24*17, 10 ff.nn., 21-125 pp. (1 p. em branco) (3 ff.nn.), numerosas reproduções de gravuras no texto; brochura, papel águas-fortes de gr. 160, minha cópia marcada HC, barbas, numerosas anotações coevas manuscritas a lápis, rara Association Copy com dedicatória a lápis do prefaciador. Leve halo de uísque na margem superior esquerda do fts., de resto fresca. Obra de insigne raridade, ausente em Hain e Goff, inexplicavelmente desconhecida por Graesse, Cicognara e Sommervogel. Ainda nenhum exemplar NUC, 270 exemplares na Narrenschift Bibliothek do Hortus Palatinus.

♦ 57 ♦

Praz destacava com quanto prazer o bibliófilo lê catálogos de antiquariato livreiro, como outros leem livros policiais. "Tenham certeza" — dizia — "de que nenhuma leitura jamais gerou ação tão rápida e comovida como a leitura de um catálogo interessante." Porém, logo deixava entrever como é possível fazer leituras rápidas e comovidas até de catálogos desinteressantes.

É fascinante ver premiados os autores obscuros e descobrir depreciados aqueles que, beijados pelo sucesso, legaram tiragens vulgarmente altíssimas aos pósteros; mas satisfazem nosso sadismo intelectual aqueles autores "de pouco mérito, e de nenhuma conta hoje, que pontualmente aparecem em cada catálogo ... com a mesma tromba de gente falida ou de possuidores de ações já não cotadas em bolsa". Praz exemplificava com o *Rimario* de Ruscelli e com as *Immagini degli Dei Antichi* de Cartari (que ele considerava obra emblemática em sentido espúrio); mas eu — sem questionar o mérito científico ou literário, mas só o excesso editorial — acrescentaria *Les aventures de Télémaque*, primeiro recurso de todo decorador que ponha em cena a cultura a metro quadrado, qualquer *Esfera* de Sacrobosco e todo *Comte de Gabalis* que não sejam primeira edição, todos os *Grand* e *Petit Albert* dos irmãos Beringos, o dicionário bíblico de Calmet, os décimos segundos e décimos sextos quinhentistas dos *Mistérios* de Jâmblico e, para os devotos do século XIX, todas as obras de Lacroix e de Figuier. E me é grato recordar a ironia que um crítico da bibliofilia reservava ao intelectual arrivista que embasbaca os burgueses assegurando ter em casa numerosas edições quinhentistas. Estas últimas são ainda mais numerosas do que as latas de Coca-Cola, e com muita frequência valem menos que uma latinha de caviar,

A MEMÓRIA VEGETAL

ainda que nas bancas de usados da praça Fontanella Borghese se exibam sussurrando lascivas, como se se tratasse de um Kama Sutra ilustrado.

Mas ler os catálogos significa também descobrir presenças inesperadas, e então, do policial em que o assassino é o mordomo Ruscelli, passa-se ao policial inédito cuja vítima é o narrador, e o leitor é o ladrão fidalgo. Aconteceu-me encontrar citada no catálogo de um leilão Zisska a primeira edição dos Manifestos Rosa-Cruzes de 1614. Nem mesmo o maior colecionador nessa área, o Rittman da Bibliotheca Hermetica de Amsterdã, conseguira ainda tê-lo. O lance inicial era razoável, e escrevi a um amigo de Munique pedindo-lhe que tentasse: mas, se visse circulando por aquelas salas um certo senhor Jannssen, deixasse para lá. Jannssen age por conta do senhor Rittman, o qual estaria disposto a ceder, para ter aquela obra, os direitos que recebe sobre todos os talheres de plástico que nós usamos nos aviões de qualquer linha. De fato, ocorreu que Jannssen estava lá (imaginem se não!) e comprou o livro por algumas toneladas de garfos de plástico.

Mas, nos dias anteriores ao leilão, folheando mais um pouco o mesmo e imenso catálogo, na seção "teologia" achei um certo livro, de frontispício anônimo e com o título teologicamente inofensivo de *Offenbarung göttlicher Mayestat*, Hanau 1619. Lance inicial, duzentos miseráveis marcos. Praz o disse: convém ler os catálogos procurando "palavrinhas mágicas", e por sorte cada um tem as próprias. Aquele *Offenbarung* solicitou alguns dos meus neurônios já em liquidação. Onde eu tinha ouvido falar dele? Caramba, era a obra de Aegydius Guttman, lendariamente considerado como inspirador dos manifestos rosa-cruzistas. A obra

UMBERTO ECO

circulava manuscrita desde o século precedente, mas tinha sido publicada pela primeira vez justamente em 1619. Gottfried Arnold, já em 1740, em sua *Unpartheyische Kirchen-und-Ketzer Historien*, dava-a como inencontrável e citava não sei qual land-grave que pagara uma fortuna em táleres ou florins para ter um dos poucos exemplares ainda em circulação.

Telefonei ao amigo de Munique, aconselhando-o a fazer pequenas e desinteressadas ofertas, para não deixar Jannssen desconfiado, no caso de aquele diabo de homem ter olhado o setor de teologia. Consegui o livro por trezentos marcos, duzentas e sessenta e cinco mil liras, solidamente encadernado em couro coevo, brandamente, quase maciamente avermelhado de modo uniforme, com maravilhosas anotações manuscritas da época, em duas cores. Fiquei tentado a escrever a Jannssen para curtir a cara dele, em nome da nossa conflituosa amizade, mas depois mudei de ideia: melhor não lhe meter ideias perigosas na cabeça. Deixemos que os rosa-cruzistas não explorem as seções de teologia e permaneçam limitados aos catálogos da Occulta, até porque devem gastar neles muito tempo, visto que hoje muitos antiquários colocam sob aquele item todas as obras com títulos apetecíveis, tais como *Sidereus Nuncius*, *Selenographia* ou *Novum Organum*.

Com frequência o catálogo comercial enfatiza, mas às vezes, como o Oráculo de Delfos de que fala Heráclito, não diz nem esconde, limita-se a acenar. Para torná-lo explícito, o colecionador recorre às bibliografias mais vulneráveis e aos catálogos comerciais hoje históricos.

Mas, para qualquer um que os consulte, as bibliografias e os catálogos históricos são fonte de saber e ao mesmo tempo cami-

A MEMÓRIA VEGETAL

nhos de perdição. De fato, há uma diferença radical entre uma bibliografia como repertório de textos a consultar e uma bibliografia como descrição de objetos a possuir. A primeira não descreve cópias, mas classes de cópias, designadas por autor, título, local e data. O fato de um estudioso buscar uma ou outra cópia é indiferente, assim como é indiferente que um livro constante do índice seja possuído, lido ou escutado por telefone: o que importa é o conteúdo, não o veículo. Em contraposição, o paradoxo de todo *Trésor de Livres Rares et Précieux* é que ele fala de objetos individuais em que o veículo físico é mais ou no mínimo tão precioso quanto o conteúdo.

Quando um livro aparece, cada cópia dele é por definição intercambiável com qualquer outra cópia, mas, quando começa a desaparecer, é a cópia específica que é procurada por seu caráter de unicidade, ou de raridade. Nesse processo de rarefação, cada exemplar torna-se único pelas alterações que a obra do encadernador, do possuidor, do tempo e dos agentes atmosféricos lhe impôs como sinete; mas, ao mesmo tempo, cada exemplar adquire valor na medida em que se aproxime das condições da cópia ideal.

Ora, para os aficionados de objetos produzidos industrialmente em série (colecionadores de automóveis de época ou de luminárias Tiffany) existe um critério de idealidade: o exemplar deve adequar-se às instruções fornecidas pelo seu projeto original, frequentemente conservado, e torna-se tanto mais apetecível quanto menos apresentar sinais de uso. Para os objetos de artesanato, e pense-se no móvel antigo, não existe o tipo que determinou uma série de exemplares todos iguais, mas extrapola-

UMBERTO ECO

se da tradição um modelo genérico, por exemplo, de *fratina** renascentista. Em ambos os casos o aficionado, uma vez estabelecida a correspondência do exemplar ao tipo, e avaliado seu estado aparente de conservação, deve apenas perguntar-se se ele é autenticamente antigo. É um empreendimento nada fácil, e justamente por isso prosperam em tais setores as *fratine* de Cantù e os Vuitton dos extracomunitários.

Com o livro antigo, o que acontece? Para o livro não existe um tipo abstrato ao qual se possam comparar as várias ocorrências. Cada exemplar saído da tipografia é, em princípio, o tipo de todos os outros. Mas, visto que antigamente se vendiam cadernos avulsos, a serem montados segundo o capricho do comitente, que os processos ainda artesanais permitiam corrigir a composição até durante a impressão e que a cópia chega até nós variadamente marcada pelo tempo e pela posse, de uma edição com tiragem de mil cópias nenhum exemplar, em teoria, é igual ao outro.

Tampouco podemos dizer que o problema central seja o de certificar a efetiva antiguidade do exemplar. O julgamento de autenticidade é essencial, mas não dramático. Até um simples aficionado pode reconhecer a cópia compósita, restaurada, lavada, remontada com folhas reproduzidas por anástase. Além disso, o falso perfeito é improvável porque seria absolutamente ruinoso para qualquer falsário. Se é conveniente para um bom artesão (que tenha à disposição madeira velha e um fuzil de caça para criar os buracos das brocas) falsificar uma amassadeira de

---

*Mesa de refeitório de convento, mesa rústica; cadeira toscana do início do século XVI. (*N. da T.*)

♦ 62 ♦

A MEMÓRIA VEGETAL

pão seiscentista, produzir *ex-novo* um incunábulo, refabricar-lhe o papel, imprimir em cima uma cópia fotográfica da página original, mas conferindo ao papel os devidos sinais de envelhecimento, seria tão dispendioso que parece mais conveniente aplicar o mesmo engenho na falsificação de cédulas. Valeria a pena, talvez, para um livro imensamente caro, como por exemplo a Bíblia de Gutenberg, mas nesse caso o próprio preço aconselharia ao eventual cliente tais e tantas provas científicas, que a falsidade, em última análise, seria descoberta.

O verdadeiro problema consiste em apurar a raridade dos exemplares de uma determinada edição (o que é bastante factível com base em bons repertórios) e em decidir se a cópia em exame corresponde aos requisitos de uma cópia ideal. Infelizmente, não só a cópia-tipo não existe, como também o conceito de cópia ideal se modifica segundo as próprias vicissitudes dos exemplares sobreviventes. Se uma *Hypnerotomachia Poliphili* desprovida da *errata* se degrada quase em cópia para estudo, um livro de necromancia incurso nos rigores da Inquisição é considerado excelente mesmo que uma mão temerosa tenha removido dele o nome do editor.

Muitos catálogos anotam para livros do século XVII: "com os fortes bronzeamentos habituais, devidos à qualidade do papel". Ora, quase todas as cópias da *Historia Utriusque Cosmi* de Fludd são em geral avermelhadas, e fortemente, e muitas mais ou menos avermelhadas nos mesmos cadernos (interessante indício de que certas partidas de papel correspondiam à mesma composição química para todos os exemplares de uma mesma tiragem), mas eu já vi pelo menos um Fludd de grande frescor.

♦ 63 ♦

Se alguém me fizesse a gentileza de destruí-lo, o Fludd ideal viria a ser o meu, primor alquímico de obra em vermelho.

Qual é o padrão de conservação de uma cópia? Para sabê-lo, seria preciso conhecer *intus et in cute* todas as cópias sobreviventes, e é uma graça divina se conseguimos fazê-lo quanto à Bíblia de 42 linhas. Consequentemente, é preciso recorrer às descrições publicadas, cujos autores, porém, costumam descrever como ideal a cópia que examinaram.

Mas se por acaso Hain ou Goff tiverem examinado uma cópia imperfeita, o tipo ideal a que os livreiros se atêm é a descrição de um exemplar imperfeito, ou perfeito mas de modo anômalo. Naquele meu opúsculo que alguns dos senhores conhecem, sobre as vicissitudes da Hanau 1609,[1] mostra-se como os critérios ideais de sucessão das estampas dependem do exemplar que o bibliógrafo viu ou afirma ter visto. Recentemente aconteceu-me ver três exemplares da *Crônica de Nuremberg*. Um não conta, está na Library do Queens College de Cambridge, foi-me mostrado com comoção, mas não vale nem como cópia de estudo, porque foi mutilado em algumas das estampas mais belas, entre as quais, obviamente, a dos monstros. O outro, na Itália, parecia não corresponder à descrição de Hain. Mas uma inspeção mais acurada permitiu concluir que a descrição de Hain se adequava à cópia em questão, desde que se assumisse que o encadernador havia posto em outra posição cinco fólios não numerados que presumivelmente podem ser colocados com uma certa liberdade. A terceira cópia eu vi à venda em Nova York, e era levemente mais marginada do que a cópia italiana. Como a cópia america-

---

[1]Ver, neste volume, "O estranho caso da Hanau 1609".

♦ 64 ♦

A MEMÓRIA VEGETAL

na tem uma encadernação do século XVIII, trata-se talvez de um exemplar encadernado pela primeira vez só posteriormente; mas a cópia italiana tem uma encadernação quase coeva, e, assim, coeva parece ser sua refilagem. Qual, dentre todas, deverá ser definida como cópia ideal?

Alguém objetará que catálogo confiável é aquele que não se baseia em um só exemplar, mas resume um trabalho pluridecenal de pacientes cotejos, e neste nós confiamos, se não para conhecer um estado ideal de conservação, ao menos no que se refere à colação. Mas existe o catálogo plenamente confiável? Até mesmo os melhores são como as melhores enciclopédias, que podem exibir um excelente verbete "membranáceas" e um péssimo verbete "monocotiledôneas". O autor de tesouros de livros raros e preciosos viu demasiados livros, e quer descrever demasiados, o que lhe dificulta descrever todos com igual rigor. Não raro, descreve como cópia-tipo uma cópia que ele não viu, cuja descrição extrai de um catálogo precedente, o qual por sua vez a extraiu de um catálogo mais antigo. Sem falar de mexeriqueiros como Dorbon ou Caillet, que recolhem até as fofocas da zeladora, quantas vezes Graesse copia de Brunet e quantas Brunet fala por ouvir dizer... Assim, um erro inicial se transmite de catálogo em catálogo, e todos se referem a uma cópia-tipo que nunca existiu, nem sequer como ocorrência individual.

Meses atrás encontrei, encadernados em um volume, e por um preço bastante modesto, o *Opus Mago Cabbalisticum et Theosophicum* e o *Tractatus Mago-cabbalistico chymicus et Theosophicus* de Georg von Welling. O catálogo do antiquário dizia que o *Opus*, de 1735, era só a primeira edição da primeira parte de uma obra da qual o *Tractatus*, de 1729, era a segunda parte, e

♦ 65 ♦

em segunda edição. Na verdade, como em seguida fiquei sabendo por catálogos respeitáveis, essa segunda parte de 1729 reproduzia uma edição de 1719, a qual desgraçadamente não se intitulava *Tractatus*, como todos esperaríamos, mas *Opus*, como a primeira edição da primeira parte (omito o fato de que os três títulos por inteiro, do tamanho de uma página como é de praxe, são aparentemente iguais, mas na realidade parcialmente diferentes um do outro). Como veem, uma bela confusão, que explica como os bibliógrafos começaram a perder a cabeça, admitindo-se que algum tenha algum dia examinado as três edições juntas. Mas isso não é tudo.

Como apurei com duro trabalho, e com mais dificuldade de decifrar os catálogos do que a prosa do autor, em 1719 Welling publica, sob o pseudônimo de Sallwigt, um primeiro livro sobre a química do sal e o denomina *Opus*. Depois, em 1729, republica-o anônimo, com pequenas diferenças, e chama-o *Tractatus*. Em seguida, em 1735, sob o nome de Welling, publica um *Opus* que compreende como primeira parte o texto do *Opus* 1719 e o do *Tractatus* 1729 (e os três textos são substancialmente idênticos no conteúdo e sem sombra de dúvida referem-se à química do sal), mais uma segunda parte consistente e inédita.

O *Opus* de 1735 é a primeira edição da obra completa. Mas os dois volumes precedentes não constituem a segunda parte dela, mas a primeira, reapresentada também no *Opus* de 1735. Assim, eu tinha adquirido não a primeira e a segunda partes de uma mesma obra, mas duas obras diversas, e ao preço de uma, porque o antiquário confiara nos catálogos.

Note-se que Duveen, em seu *Bibliotheca alchemica et chimica*, havia compreendido tudo, e criticava justamente um cochilo do

A MEMÓRIA VEGETAL

Ferguson de *Biblioteca chemica*. Ferguson também sabia como estavam as coisas, e o dizia, mas infelizmente, numa anotação em corpo menor (e os senhores sabem quantas ele fazia, e por toda parte), confundia-se e chamava de segunda parte aquela que precedentemente havia chamado de primeira. Ignorando Duveen e lendo mal Ferguson, o autor do catálogo da Coleção Mellon, confiabilíssimo, retoma a anotação errada e a enfatiza, logo imitado pelo autor do catálogo da Hall Collection. Todos os que vêm depois seguem o mesmo caminho.

Pois bem: para entender quem tinha razão, confrontei página por página as edições 1729 e 1735, e, mesmo sem ter a 1719, verifiquei que o texto da 1729 corresponde à primeira parte da 1735.[2] Simplicíssimo. Mas era preciso partir de um princípio: que os livros, inclusive os antigos, devem ser lidos, ao menos um pouco.

E essa não é uma ideia universalmente aceita entre os aficionados de livros raros e preciosos, incluídos os bibliógrafos destes. Os quais eram com certeza todos bibliófilos, mas frequentemente também bibliômanos, quando não eram bibliocleptomaníacos como Guglielmo Libri. Um bibliômano se distingue do bibliófilo porque, só para ter um livro raro e intonso, e conservá-lo como tal, renuncia a lê-lo. Creio que não há nenhuma diferença entre um bibliômano e um bibliófobo, isto é, entre conservar livros sem lê-los e destruí-los. Os livros são feitos para serem lidos.

Permitam-me então concluir estas minhas considerações, iniciadas sob a égide da bibliofobia, sob a égide daquela sábia e

---

[2]Isso, na época em que eu escrevia estas minhas notas. Agora, tenho também a 1719 e as contas batem igualmente.

♦ 67 ♦

saudável bibliofilia testemunhada em 1345 por Richard de Bury em seu *Philobiblion*:

Os livros nos deleitam quando a prosperidade nos sorri, confortam-nos durante as borrascas da vida. Robustecem os propósitos humanos, sustentam todo severo juízo. As artes e as ciências, cujas virtudes dificilmente se pode conceber, baseiam-se nos livros. Quão alto podemos estimar o admirável poder dos livros, pois que através deles podemos considerar os extremos limites do mundo e do tempo, as coisas que são e as que não são, quase fixando o olhar no espelho da eternidade. Nos livros escalamos os cumes e penetramos os abismos, conhecemos as espécies de peixes, mais numerosas que as das aves, distinguimos as propriedades das correntes, das nascentes e das várias terras; dos livros extraímos gemas e qualquer outro mineral, descobrimos as virtudes das ervas e das plantas e aprendemos sobre a inteira progênie de Netuno, de Ceres e de Plutão. E se nos agradar conhecer os habitantes do céu, eis que sobrevoamos o Olimpo, o Tauro e o Cáucaso e os reinos de Juno e os sete planetas e as linhas e os círculos do equador celeste. Atingimos o firmamento supremo, adornado de signos, degraus e imagens, sabemos do polo antártico e daquilo que o olho jamais viu e o ouvido jamais escutou. Admiramos a luminosa via Láctea e o zodíaco, jucundamente pintado de animais supramundanos. Com os livros nos avizinhamos das substâncias imateriais e das inteligências superiores e com o olho da mente discernimos a Causa Primeira e o Motor Imóvel de infinita virtude, e nele imergimos em um ato de amor sem fim ... Com os livros comunicamo-nos com o amigo e com o inimigo ... O li-

A MEMÓRIA VEGETAL

vro tem acesso às câmaras dos poderosos, onde de outro modo a voz do seu autor não seria ouvida ... Quando somos acorrentados e privados da liberdade corporal, usamos os livros como mensageiros junto aos nossos amigos, para pedir-lhes ajuda e deixá-los em guarda ... O que mais dizer? Lemos em Sêneca que o ócio sem as letras É morte e sepulcro para os viventes, e portanto só o comércio com os livros e com as letras É vida para o homem (cap. XV).

Aí está, De Bury nos diz o que fazer dos livros, depois de colecioná-los e colacioná-los.

Conferência pronunciada na Mostra del Libro Antico em 29 de março de 1990, mais tarde publicada em *L'Esopo* (n. 46, junho de 1990).

HISTORICA

Sobre o livro de Lindisfarne

Como folhear as páginas miniaturadas dos Evangelhos de Lindisfarne? De modo ingênuo, desfrutando-as pelo que são, ou então procurando compreender o ambiente em que nascem e o gosto ao qual se referem... Tomás de Aquino sintetizou os princípios da estética medieval numa definição famosa (aliás, visto que falaremos da Irlanda, trata-se daquela que foi retomada por Joyce em seus primórdios, a fim de fundamentar a própria visão da arte, em *The Portrait of the Artist as a Young Man*): *Ad pulchritudinem tria requiruntur. Primo quidem integritas sive perfectio: quae enim diminuta sunt, hoc ipso turpia sunt. Et debita proportio sive consonantia. Et iterum claritas: unde quae habent colorem nitidum pulchra esse dicuntur.* O que significa que para a beleza concorrem três condições ou características: a integridade, porque achamos feias as coisas incompletas; a proporção; e a clareza ou esplendor da cor.

Tomás resumia as definições que, provenientes da antiguidade clássica, haviam sido retomadas sob diferentes modos pelos seus predecessores ao longo dos séculos da Idade Média. A proporção era critério de origem pitagórica, embora seja interessante notar como no decorrer do tempo, embora usando sempre o mesmo termo, artistas, filósofos e teólogos tinham em mente diferentes tipos de proporção. Por exemplo, basta observar que, a propósito das proporções musicais, o intervalo de quinta ainda era reconhecido no século IX como exemplo de proporção imperfeita, ao passo que já é considerado perfeito no século XII, e só muito mais tarde o intervalo de terça também será admitido como perfeito.

A integridade parece ser uma condição bastante intuitiva, e com frequência, nos textos medievais, repete-se que o homem mutilado perde a própria beleza: mas na verdade o conceito era muito mais complexo. Por integridade entendia-se que toda coisa natural devia adequar-se aos precisos limites fixados pelas leis da espécie, motivo pelo qual não eram belos, mas monstruosos, um cão das dimensões de um elefante ou uma maçã do tamanho de uma abóbora — e o critério era estendido também às obras de arte. Quanto à *claritas*, falaremos dela adiante.

Citei os critérios da beleza típicos da Idade Média para sugerir que as obras-primas da arte irlandesa e céltica em geral, florescidas nas ilhas britânicas durante os últimos séculos do primeiro milênio, parecem trair todo critério de proporção e de integridade.

Já no mundo latino, opusera-se o estilo dito asiano (e depois africano) ao estilo ático, e alguém observou que já então se tratava de um debate entre uma estética classicista e uma estética barroca. Para Quintiliano, o estilo clássico deve tender ao sublime mas não ao temerário, à grandeza mas não à ênfase, e Vitrúvio lamentou que com frequência estivessem sendo representados monstros, em vez de figuras claramente definidas. No início da cultura cristã, são Jerônimo lançou-se contra aquele estilo no qual

A MEMÓRIA VEGETAL

"tudo se infla e se afrouxa como uma serpente enferma que se despedaça enquanto experimenta suas volutas" e no qual "tudo se enreda em inextricáveis nós de palavras". E, séculos depois, é conhecida a invectiva de são Bernardo contra os monstros que adornavam os capitéis das abadias cluniacenses.

Bernardo parecia opor-se (sofrendo-lhes o fascínio) àquelas violações dos princípios de proporção e integridade que haviam povoado o imaginário helenístico e cristão, invadindo os textos dos bestiários com centenas de miniaturas e de *marginalia*, e que apareciam até sobre os portais das catedrais. Eram — e só a lista pode reproduzir o senso de "desproporção" que animava o mundo da teratologia medieval — os Acéfalos, com os olhos nos ombros e dois buracos no peito a modo de nariz e boca; os Andróginos, com uma só mama e ambos os órgãos genitais; os Artabantes da Etiópia, que andam pronos como ovelhas; os Astômatos, que por boca têm um simples furinho e se alimentam por um canudo; os Astômoros, totalmente sem boca, que se nutrem apenas de odores; os Bicéfalos; os Blêmios, sem cabeça, com olhos e boca no peito; os Centauros; os Unicórnios; as Quimeras, bestas triformes com cabeça de leão, traseiro de dragão e parte mediana de cabra; os Ciclopes; os Cinocéfalos, de cabeça de cão, mulheres com dentes de javali, cabelos até os pés e cauda de vaca; os Grifos, com corpo de águia na frente e de leão atrás; os Pôncios, de pernas rígidas, sem joelho, cascos de cavalo e com o falo no peito; outros seres com o lábio inferior tão grande que quando dormem cobrem a cabeça com ele; a Leucrococa, com corpo de asno, traseiro de cervo, peito e cauda de leão, pés de cavalo, um chifre bifurcado, uma boca rasgada até as orelhas, da qual sai uma voz quase humana, e em vez de

♦ 75 ♦

dentes um só osso; a Manticora, com três fileiras de dentes, corpo de leão, cauda de escorpião, olhos azuis, carnação cor de sangue, silvo de serpente; os Panotos, cujas orelhas são tão grandes que descem até os joelhos; os Fitos, de pescoços longuíssimos, pés compridos e braços semelhantes a serrotes; os Pigmeus, sempre em luta contra os grous, e que medem três palmos de altura, vivem no máximo sete anos e se casam e dão cria aos seis meses; os Sátiros, de nariz adunco, com chifres e parte inferior caprina. E ainda serpentes com crista na cabeça, que caminham sobre pernas e têm sempre aberta a goela da qual goteja veneno; ratos grandes como lebréus, capturados por mastins porque os gatos não conseguem pegá-los; homens que caminham com as mãos; homens que caminham sobre os joelhos e têm oito dedos em cada pé; homens com dois olhos na frente e dois atrás; homens de testículos tão grandes que chegam aos joelhos; Ciápodes, de uma só perna com a qual correm velocíssimos e que eles levantam quando repousam, para ficarem à sombra do seu enorme e único pé.

Portanto, ao mesmo tempo que celebrava proporção e integridade, a Idade Média sofria o fascínio do imenso e do desproporcionado. E esse sentimento se impõe justamente naquele estilo que floresce nas ilhas britânicas, tanto nas artes quanto na literatura, durante a segunda metade do primeiro milênio, e que foi definido como *estética hispérica*.

O texto mais célebre que representa essa estética é a *Hisperica Famina*, uma série de composições poéticas (provavelmente produzidas como exercício retórico em algum *scriptorium* monástico) que contêm descrições de objetos, eventos e fenômenos naturais. Nenhum leitor habituado ao latim clássico, ou mesmo

A MEMÓRIA VEGETAL

ao da decadência e dos primeiros textos cristãos, podia compreender essa torrente impetuosa de neologismos nascidos de étimos hebraicos, de raízes célticas e de sabe-se lá quais outras influências bárbaras. Bastam só alguns exemplos, que me parecem evocar, se não imagens precisas, ao menos o amontoado de imagens que se veem nos Evangelhos de Lindisfarne e em manuscritos irlandeses como o *Book of Kells.*

Vejamos esta descrição do mar:[1]

> Gemellum neptunius collocat ritum fluctus:
> protinus spumaticam pollet in littora adsisam
> refluamque prisco plicat recessam utero.
> Geminum solita flectit in orgium discurrimina:
> afroniosa luteum uelicat mallina teminum,
> marginosas tranat pullulamine metas
> uastaque tumente dodrante inundat freta,
> alboreos tellata flectit hornos in arua,
> assiduas littoreum glomerat algas in sinum,

---

[1] Um corajoso exemplo de tradução (inglesa) desses textos encontra-se *in* Michael W. Herren, *The Hisperica Famina*, Toronto, Pontifical Institute of Medieval Studies, 1974: "Neptune's flood has a double movement: — continually it propels the foamy tide to the shore — and enfolds it within its ancient womb as it flows backwards. — It directs its customary double motion to a double purpose: — the foamy tide covers the muddy land, — crosses the shore's boundaries in its burgeoning, — and floods vast channels in a swelling tidal wave. — It bends the white ash trees toward the earthen fields, — heaps up mounds of algae on the shore of the bay, — uproots open limpets from the rock, — tears away purple-coloured conchs, — spins the bodies of beasts toward the sandy harbour in great profusion; — the billowing waters undulate toward the canyons of rock, — and the foaming storms roars as it swells." Não considero indispensável tentar uma versão italiana. Se o leitor não entende nada de inglês, tanto melhor, pois vê-se na mesma situação de um leitor da época que tivesse sido educado no latim das escolas.

♦ 77 ♦

patulas erut a cautibus marinas,
illitas punicum euellit conchas,
belbecinas multiformi genimine harenosum euoluit
    effigies ad portum,
fluctiuagaque scropheas uacillant aequor in termopilas
ac spumaticum fremet tumore bromum.

E, para chegarmos aos Evangelhos de Lindisfarne, aqui está a descrição de uma tabuinha para escrita:

De tabula
Haec arborea lectis plasmata est tabula fomentis,
quae ex altero climate caeream copulat lituram.
Defidas lignifero intercessu nectit colomellas,
in quis compta lusit c<a>el[l]atura.
Aliud iam latus arboreum maiusculo ductu stipat situm,
uaria scemicatum pictura,
ac comptas artat oras.[2]

Edgar De Bruyne, em sua monumental história da estética medieval,[3] detém-se demoradamente no estilo hispérico na alta Idade Média e transcreve um verso da *Hisperica Famina* no qual, para descrever um ímpeto de alegria, diz-se *Ampla pectoralem*

---

[2]"This wooden tablet was made from choice pieces; — it contains rubbing wax from another region; — a wooden median joins the little divided columns, — on which lovely carving has played. — The other side has a somewhat larger area of wood; — it is fashioned with various painted designs — and has decorated borders."

[3]*Études d'esthétique médiévale*, Bruges, De Templel, 1946 (agora, Paris, Albin Michel, 1998, I, pp. 132-141).

A MEMÓRIA VEGETAL

suscitat vernia cavernam, "uma ampla alegria eleva as cavernas do meu peito". Ele liga essas páginas à advertência horaciana sobre os perigos de unir a uma cabeça humana uma cerviz equina e faz um paralelo entre esses exercícios verbais e os *entrelacs* das miniaturas irlandesas. Percebe de imediato a violação de proporção e integridade num estilo em que o detalhe se torna essencial e em que uma riqueza exuberante de linhas decorativas se impõe não para destacar o tema do texto que comentam, mas por amor de si mesmas, e faz compreender (embora não o diga) que aqui nos veremos diante da única manifestação medieval daquele princípio da *arte pela arte*, do arabesco feito por amor do arabesco, que a nós parece antes um critério moderno.

Convém dizer que De Bruyne, o qual tem evidentes preferências por um estilo clássico, fica transtornado e perturbado, ao menos tanto quanto são Bernardo, por esses labirintos visuais onde a pessoa se perde como numa floresta (talvez a "selva escura" na qual Dante Alighieri se perderá, séculos mais tarde), e compara-os justamente aos labirintos verbais dos textos hispéricos, nos quais se multiplicam os epítetos assim como na miniatura se acumulam as curvas sinuosas, as envolturas serpentinas de onde emergem formas zoomorfas e humanoides, aves, gatos quase atônitos, caudas. "O enigma verbal que se esconde sob a perífrase é recordado nas miniaturas pelo enigma plástico que se desenvolve ao longo de curvas intermináveis." E cita o juízo de Angelo Mai, que, ao apresentar a *Hisperica Famina* na *Patrologia Latina* (PL 90, col. 1188), fala de "*stylus autem operis tumidus, abnormis, exorbitans, obscurus ac saepe inextricabilis*".

Enfim, muitos viram na miniatura das ilhas britânicas não só a desproporção, mas também a falta de *integritas*. Um histo-

♦ 79 ♦

UMBERTO ECO

riador insigne como Richard Hammann[4] anotava como o gosto da composição orgânica na miniatura irlandesa é substituído pelo da repetição indefinida de signos geométricos, "em vez de construir-se um todo coerente e organizado".

O que chama a atenção nesses juízos é que eles parecem esquecer como, nas miniaturas, o *entrelac* é, ao contrário, uma obra-prima de proporção. Ao leitor curioso que ficar fascinado pelos labirintos do livro de Lindisfarne, eu aconselharia procurar na Internet o assunto "entrelacs": ele encontrará diversos sites nos quais se fornecem instruções e modelos geométricos para a construção de *entrelacs*, e verá como, por trás daquele florescer de volutas aparentemente sem regra, esconde-se ao contrário uma série de esquemas matemáticos muito rigorosos, tanto que resulta possível compor *entrelacs* intricadíssimos até no computador. Não digo isso para reduzir a imaginação dos miniaturistas de Lindisfarne à simples informática, mas para mostrar que (como se havia sugerido) toda época tinha seu próprio critério de proporção e que, por conseguinte, a miniatura da Irlanda e da Nortúmbria tampouco violava esse critério, só que o realizava a seu modo.

Por outro lado, De Bruyne, para além de sua rejeição devida a enraizadas preferências de gosto, também não conseguia subtrair-se ao encantamento desse *"beau chaos"*, desse *"torrent capricieux"*, desse *"désordre élémentaire et pourtant rythmé comme les vagues de la mer, les souffles du vent, le fracas de la tempête"*. Esse mar é feito de cristais de neve.

---

[4] *Geschichte der Kunst*, Berlim, 1932.

♦ 80 ♦

A MEMÓRIA VEGETAL

Por que De Bruyne definia como belo o caos? Porque, nessas miniaturas, realiza-se ao máximo grau o terceiro critério da beleza, a *claritas*, ou seja, a *suavitas coloris*.

A Idade Média era enamorada das cores simples, nítidas, gritantes. Para Isidoro de Sevilha, os mármores são belos por causa de sua brancura, os metais pela luz que refletem, e o próprio ar é embelezado pelo esplendor do *aurum*, isto é, do ouro (e de fato, como o ouro, resplandece assim que é golpeado pela luz). As pedras preciosas são belas por causa de sua cor, visto que a cor não é senão luz do sol aprisionada e matéria purificada. Os olhos são belos se luminosos, e os mais belos são os olhos glaucos. Uma das primeiras qualidades de um corpo belo é a pele rosada. Nos poetas, esse sentido da cor cintilante está sempre presente, a grama é verde, o sangue vermelho, o leite cândido, uma bela mulher tem para Guinizelli um "rosto de neve colorido em carmim" (para não falar, mais tarde, das claras, frescas, doces águas de Petrarca), as visões místicas de Hildegard de Bingen mostram-nos chamas rutilantes, e a própria beleza do primeiro anjo caído é feita de pedras refulgentes à guisa de céu estrelado, a tal ponto que a inumerável multidão das centelhas, resplendendo no fulgor de todos os seus ornamentos, clareia o mundo com sua luz. A igreja gótica, para fazer penetrar o divino em suas naves de outro modo escuras, é cindida por lâminas de luz que penetram pelos vitrais, e é para abrir caminho a esses corredores de luz que o espaço para as janelas e as rosáceas se alarga, as paredes quase se anulam num jogo de contrafortes e arcos rampantes, e toda a igreja é construída em função de uma irrupção da luz através de estruturas vazadas.

♦ 81 ♦

Pois bem, as miniaturas de Lindisfarne são um triunfo da cor em que as tintas se encontram em estado elementar, mas tornam-se fulgurantes ao se aproximarem, contrastarem, compor-se numa sinfonia de vermelhos, azuis, amarelos, brancos e verdes, em que o esplendor se gera a partir da combinação do conjunto, em vez de fazer-se determinar por uma luz que envolva as coisas a partir de fora ou faça a cor instilar-se além dos limites da figura. Nessas páginas a luz parece irradiar-se da página, e fulgura como gemas que brilham num cálice de bronze, como as escamas de uma serpente monstruosa e terrível.

Creio que quem folheia esse livro sem intenções filológicas poderia ver-se sentindo as mesmas emoções de Des Esseintes, o protagonista de *À rebours* de Huysmans, quando instala sobre um suntuoso tapete sua tartaruga transformada em ornamento artificial. Para quem não a conhece, ou não a recorda, a história é a seguinte.

Des Esseintes se fecha em sua casa de campo para isolar-se do mundo e conceder-se toda volúpia decadente, num universo puramente artificial de onde a natureza foi excluída e no qual domina somente o gosto da arte pela arte. Depois de inebriar-se com o sabor corrompido do latim da decadência e dos primeiros séculos cristãos (ignorando, lamentavelmente, o estilo hispérico), apaixona-se por um tapete oriental e, seguindo a cintilação dos reflexos argênteos que brotam da trama em amarelo e violeta da lã, imagina que será belo colocar naquela superfície alguma coisa que se mova e reacenda a vivacidade dos tons. Adquire, então, uma grande tartaruga marinha e manda dourar-lhe o casco.

Primeiro, ele se compraz com esse efeito, como se visse um rutilante escudo visigodo de escamas imbricadas por um artista

A MEMÓRIA VEGETAL

bárbaro. Mas depois decide que convém reavivar ainda mais aquela couraça e, tomando como modelo uma profusão de flores de um desenho japonês, decide cravejá-la de pedras preciosas. De saída descarta o diamante, demasiado comum e burguês, e, pelas mesmas razões, as esmeraldas e os rubis, o topázio, a ametista e a safira. Passa então a procurar pedras mais raras, e creio que o resultado final deve ser deixado em francês, porque os nomes daqueles minerais (talvez intraduzíveis) evocam as tintas que ele queria realizar:

> Les feuilles furent serties de pierreries d'un vert accentué et précis: de chrysobérils verts asperge; des péridots vert poireau; d'olivines vert olive; et elles se détachèrent de branches en almadine et en ouwarovite d'un rouge violacé, jetant des paillettes d'un éclat sec, de même que ces micas de tartre qui luisent dans l'intérieur des futailles. Pour les fleurs ... il usa de la cendre bleue ... Il choisit exclusivement des turquoises de l'Occident, des pierres qui ne sont, à proprement parler, qu'un ivoire fossile imprégné de substances cuivreuses et dont le bleu céladon est engorgé, opaque, sulfureux, comme jauni de bile. Cela fait, il pouvait maintenant enchâsser les pétales de ses fleurs épanouies au milieu du bouquet, de ses fleurs les plus voisines, les plus rapprochées du tronc, avec des minéraux transparents, aux lueurs vitreuses et morbides, aux jets fiévreux et aigres. Il les composa uniquement d'yeux de chat de Ceylan, de cymophanes et de saphirines. Ces trois pierres dardaient, en effet, des scintillements mystérieux et pervers, douloureusement arrachés du fond glacé de leur eau trouble ... Et la bordure de la carapace? ... Il se décida enfin pour des minéraux dont les reflets devaient s'alterner: pour

♦ 83 ♦

l'hyacinthe de Compostelle, rouge acajou; l'aigue marine, vert glauque; le rubis-balais, rose vinaigre; les rubis de Sudarmaine, ardoise pâle ...

Interrompamos a descrição deste refinado trabalho de ourivesaria decadente. O efeito final já estava satisfatório para Des Esseintes quando, no decorrer de alguns dias, a tartaruga, oprimida por tanta riqueza mineral, morre. Despeçamo-nos de Des Esseintes e não nos deixemos tomar pelos seus langores de Baixo Império. Morta a tartaruga e desaparecido o tapete de Huysmans, restam-nos as páginas dos Evangelhos de Lindisfarne, e creio que poderemos nos sentir autorizados a folheá-las com o mesmo gosto do maravilhoso, ainda que elas não tenham sido imaginadas por estetas doentes de estética, mas por monges empenhados unicamente em celebrar a palavra divina.

Por outro lado (e eu o escrevia introduzindo o fac-símile do *Book of Kells*),[5] poderíamos fantasiar sobre essas miniaturas vendo-as como se fossem a tradução visual do *Finnegans Wake* de Joyce (que foi inspirado por páginas do gênero).

Mas talvez seja melhor voltarmos aos países e ao clima em que essas páginas foram miniaturadas para tentar encontrar intactos o seu perfume, a alegria pela *claritas*, o senso aventuroso de uma incontinente proporção. Descobriremos também que nesses pergaminhos se realiza, no modo próprio da imaginação hispérica, um princípio de *integritas*: o livro miniaturado representa um modo orgânico de alternar as imagens quase realísticas

---

[5]Foreword to P. Fox, *Commentary to The Book of Kells*, Lucerna, Faksimile Verlag, 1990, pp. 11-16.

A MEMÓRIA VEGETAL

dos evangelistas com um jogo só aparentemente decorativo de motivos geométricos e fantásticos que têm a mesma função dos cálices e das patenas cravejados de gemas, dos paramentos adamascados, dos relicários de marfim ou de prata, modos, todos eles, muito medievais e monásticos de cantar os louvores a Deus e ao texto sacro. Portanto, é organicamente perfeita essa cerimônia quase litúrgica, feita de palavras murmuradas em prece, de cantos, de luzes e de sacra encenação.

E talvez venha a acontecer que (desculpem-me se, para manter intacta a citação, eu violo as regras da sintaxe) *ampla pectoralem suscitat vernia cavernam.*

Artigo escrito para a edição Faksimile Verlag do *Book of Lindisfarne.*

Sobre as *Très Riches Heures*

Conheci as *Très Riches Heures du Duc de Berry* quando tinha pouco mais de vinte anos, numa pequena edição cartonada que, naturalmente, só continha as miniaturas dos meses.

Digo "naturalmente" porque o destino do amador não especializado é o de sempre encontrar esse manuscrito sob a forma daquelas doze famosas representações. Às vezes ocorre encontrarmos também outras imagens em algum livro de arte, mas acabamos esquecendo-as. *Les Très Riches Heures* foram fixadas nesse clichê, assim como aconteceu a Beethoven e a Chopin, conhecidos por muitíssimos só através da *Sonata ao luar* e do *Prelúdio Gota d'Água*. O fetichismo estimula a preguiça, e a preguiça estimula o fetichismo. De ambos pode nascer a saciedade. Somente podendo folhear a reprodução do manuscrito inteiro, na esplêndida edição da Faksimile Verlag de Lucerna — para quem não tiver o privilégio hoje raríssimo de tocar o original de Chantilly —, descobre-se quão mais ricas, inventivas, às vezes enigmáticas, são as *Très Riches Heures*. E compreende-se por que assim, "très Riches", foram chamadas pelos executores testamentários do duque.

Para mim, rapazinho de vinte anos, essas miniaturas foram em todo caso uma via de aproximação da Idade Média, que eu me preparava para estudar. É verdade que se trata da Idade Média tardia, na qual já vibram muitos pressentimentos da Renascença: mas eu olhava as *Très Riches Heures* e ao mesmo tempo lia *O declínio da Idade Média* de Huizinga. Eu vivia a graça, o langor dessa época no ocaso, e nisso revivia os séculos que ela trazia às costas. Afinal de contas, todos nós pudemos conhecer e talvez compreender a civilização dos romanos através das ruínas que remontavam somente ao Império tardio.

Mas minha leitura de então era sem dúvida também estetizante, neogótica, decadente. E eu subestimava as *Très Riches Heures*, acentuava-lhes unicamente o aspecto decorativo.

Desse manuscrito podem-se fazer outras leituras. Uma, naturalmente, é a do crítico e do historiador de arte, que tenta a datação das imagens, busca as influências iconográficas, avalia a qualidade das execuções... Não é isso, porém, que eu quero sugerir ao leitor apaixonado, mas não especializado. Tentarei alguns outros percursos, que sejam percursos da imaginação, mais que da filologia e do rigor histórico.

Um desses percursos eu o descobri mais tarde, quando conheci os estudos históricos da escola dos *Annales*. As *Très Riches Heures* são um documento insubstituível para compreender a vida material, a indumentária, a sociedade, os gostos da época. Para isso, são indubitavelmente fundamentais as miniaturas dos meses, mas, depois desse começo, podem-se explorar também as outras imagens, em busca de indícios menores, às vezes ocultos.

As miniaturas dos meses são uma grande reserva de informação sobre trajes e armaduras. Contam-nos como se arrumava a mesa, quais comidas e bebidas apareciam nela; qual era a relação com os animais domésticos, como se desenvolviam os trabalhos

A MEMÓRIA VEGETAL

sazonais; dizem-nos como eram feitos os instrumentos agrícolas, como viviam os camponeses e os pastores, quais eram as técnicas de cultivo dos campos, como era a arquitetura dos jardins. Falam-nos das formas das colmeias, dos arreios dos cavalos, da tração das carroças. E ainda nos oferecem uma amostragem de castelos, de arquiteturas religiosas, de canteiros de obras em atividade, falam-nos de interiores de igrejas e de palácios, de estátuas, de estandartes... Tão minuciosos e fiéis são os detalhes que, a partir deles, alguns historiadores de arte puderam datar as várias imagens.

Les Très Riches Heures são um documentário cinematográfico, uma máquina visual que nos narra a vida de uma época. Nenhum filme poderá jamais igualar a fidelidade, o fulgor, a tocante beleza dessa reconstituição.

Segundo percurso: a busca do maravilhoso. Esse manuscrito é pobre em *marginalia* grotescas, tão evidentes, no entanto, em outras obras. Só raramente encontramos um caçador ou um passarinheiro, ou aquelas representações do mundo pelo avesso que em boa hora Baltrusaitis nos convidou a descobrir nas margens de muitos manuscritos devotos. É como se os miniaturistas não tivessem ousado insistir em representações "divertidas" num livro destinado à prece e aos olhos pudicos da família do duque. Mas trata-se de prestar atenção, porque, ainda assim, o gosto medieval pelos *babouins* (ou *babewyn* que se chamassem) manifesta-se nas letras iniciais. Estas são antes de tudo uma galeria de retratos, mas, procurando bem, eis que aqui identificamos uma criatura peluda e com aspecto de sátiro, bem no início de uma Ave Maris Stella, ali um urso, acolá um aleijado, ou um cão, ou um coelho, que parecem querer surpreender o duque em oração,

♦ 89 ♦

UMBERTO ECO

distraí-lo da prece, ou fazê-lo refletir sobre algum provérbio devoto ou parábola que a imagem poderia lhe evocar.

A distração. É um terceiro percurso. O livro se destina à meditação, à oração e à concentração. A Idade Média tinha sido rica em advertências contra as imagens das igrejas e dos claustros, que podiam distrair os olhos curiosos do colóquio com Deus. Todos conhecem a célebre invectiva de são Bernardo contra a escultura românica: "quid facit illa ridicula monstruositas, mira quaedam deformis formositas ac formosa deformitas? Quid ibi immundae simiae? Quid feri leones? Quid monstruosi centauri? Quid semihomines? Quid maculosae tigrides?" (*Apologia ad Guillelmum*). E por outro lado, acrescentava Bernardo, por que até aquelas imagens de santos, e santos demasiado belos, aquelas relíquias cobertas de ouro?

Mas, sobretudo, dos tempos de são Bernardo aos do duque de Berry passaram-se pelo menos dois séculos, e a tensão mística, o rigorismo se atenuaram; e também, com o duque, estamos numa corte e não num convento; e afinal o duque é um curioso, e não só um colecionador atraído pelos livros esplêndidos e pelos objetos de grande valor artístico, mas também um precursor das *Wunderkammern* barrocas: seu tesouro continha maravilhas como chifres de unicórnio, dentes de baleia, frutos de coqueiro, conchas dos sete mares e o anel de noivado de são José. Esse homem refinado tinha olhos curiosos e gulosos, e da distração havia feito uma arte. E eis que podemos imaginá-lo, ajoelhado em oração, enquanto seus lábios recitam mecanicamente um salmo, com os olhos entregues não tanto ao tema sacro da imagem, mas ao cenário, aos jardins, às colinas, aos castelos, às vestes das damas, aos floreados das margens.

♦ 90 ♦

A MEMÓRIA VEGETAL

Não esqueçamos que existem algumas sequências, por exemplo a da Paixão, que são de um ritmo e de uma dramaticidade cinematográficos, com bruscas mudanças de cena, de hora do dia, com passagens da luz às trevas. Não seremos desrespeitosos se pensarmos no duque de Berry a seguir avidamente as páginas do seu livro, na penumbra da igreja, como nós assistimos hoje à televisão. Esplêndido compromisso entre misticismo e estética, dever e prazer, meditação e livre jogo da imaginação, *Les Très Riches Heures* nos ajudam a compreender muito da Idade Média, uma época em que as manifestações de virtude pública eram acompanhadas com muita desenvoltura por manifestações de licenciosidade pública. Uma época na qual se pecava talvez não mais do que na nossa, mas certamente com menos vergonha, e justamente no próprio momento em que se fazia profissão de fervor religioso e austera moralidade.

Esse objeto aparentemente tão delicado, precioso, essa obra-prima de ourivesaria, essa suprema manifestação do artifício culto e refinado, é também um documento profundamente humano, porque, se soubermos lê-lo, diz muito sobre as debilidades dos nossos antepassados medievais tardios — e sobre as dos antepassados deles.

O homem medieval frequentemente encontrava dificuldades para distinguir o prazer dos sentidos do prazer da alma. Tinha um gosto, muito mais desenvolvido que o nosso, pelas cores nítidas, bem cheias, vibrantes, amava o esplendor do ouro, o fulgor das joias, a irrupção da luz e seu jogo sobre o verde dos campos, sobre o azul da água, sobre os trajes de brocado... No entanto, no triunfo da cor, da luz, do ouro (e tais são *Les Très Riches Heures*), via também uma manifestação da potência divina.

♦ 91 ♦

UMBERTO ECO

Para nós, o duque de Berry se distraía acompanhando a sinfonia dos vermelhos e dos azuis, talvez aflorasse com os dedos o ouro que incrusta cada página desse livro. Mas, ao fazê-lo, ele tinha a persuasão de celebrar, e de modo agradabilíssimo, a presença da divindade no mundo. E, com belíssima hipocrisia, sentia-se virtuoso e humilde na distração suntuosa que se concedia.

Quanto aos irmãos Limbourg, ou a quem trabalhou depois deles, estes não se descuidavam de encorajar seu comitente; e veja-se com quanto gosto pelas soluções colorísticas quase abstratas eles conseguem compor faixas monocromáticas, quedas rubras de condenados, assembleias douradas de beatos, cascatas azuis de anjos. Há uma miniatura na qual, para obter um efeito decorativo de loriga, de dorso escamado de um peixe precioso, o miniaturista tem a coragem de representar uma multidão de santos todos de costas, a fim de que só apareçam, por completo, as auréolas deles. O duque fantasiava, e pensava que o paraíso é um esplêndido escrínio de joias, muito semelhantes ao seu tesouro.

Outras leituras? O livro é incompleto, tem páginas sem letras miniaturadas, algumas em branco, marcadas apenas pelas linhas traçadas para alguma miniatura a ser feita. É um livro heterogêneo, que revela mãos diferentes. Desse modo, conta a história de sua fabricação, alude aos anos de trabalho que custou, deixa entrever uma trajetória de interrupções, retomadas, correções — em suma, é a representação (mais uma vez, quase cinematográfica) do laboratório onde foi concebido, do longo tempo de preparação, execução, reconsiderações, interpolações, durante o qual se fez aos poucos. É o monumento comemorativo elevado ao próprio ateliê.

◆ 92 ◆

A MEMÓRIA VEGETAL

Há outras leituras possíveis. Por exemplo, a busca de todos os temas iconográficos que a Idade Média elaborou, e que aqui se encontram como numa enciclopédia. Ou a maliciosa identificação de crenças e práticas que a igreja condenava oficialmente mas que a cultura cortesã admitia, e penso na abundância de referências astrológicas, bastante precisas, que subentendem uma competência elaborada, um discurso costumeiro, não só nos arcos que encimam os meses, mas também naquela página reveladora do fólio 14, o Homem Anatômico, que já faz pensar nas representações das relações entre micro e macrocosmo que encontraremos nos magos do Renascimento, em Robert Fludd ou em Athanasius Kircher. Mas não esqueçamos que o livro é produzido poucas décadas antes do nascimento de Marsilio Ficino, quando se estão prefigurando na Florença humanística as condições para uma reafirmação pública da astrologia e da magia.

Talvez convenha pararmos aqui. Talvez seja desrespeitoso para com o leitor sugerir outras chaves de leitura. *Les Très Riches Heures* são um objeto extraordinário justamente porque, obra aberta, encorajam mil diferentes itinerários da imaginação. Que o leitor o abra ao acaso, escolha a própria porta de entrada, e depois percorra por si só esse *Hortus Deliciarum*.

Publicado como Introdução a *Illuminations of Heaven and Earth. The Glories of the Très Riches Heures du Duc de Berry*, Nova York, Abrams, 1988. Tradução italiana *I giorni del Medio Evo*, Milão, Rizzoli, 1988.

Sobre os Insulares

Os países da Utopia ficam (afora algumas exceções isoladas, como o reino do Preste João) numa ilha. A ilha é sentida como um não lugar, inalcançável, onde se chega por acaso mas ao qual, uma vez deixado, não será possível retornar. Assim, somente numa ilha pode realizar-se uma civilização perfeita, da qual só saberemos por meio de lendas.

Embora a civilização grega vivesse entre arquipélagos e certamente fosse afeita às ilhas, é somente em ilhas misteriosas que Ulisses encontra Circe, Polifemo ou Nausícaa. Ilhas são aquelas que se descobrem nas *Argonáuticas* de Apolônio de Rodes, Bem-Aventuradas ou Afortunadas são as ilhas às quais aproa são Brandano durante sua *navigatio*, numa ilha fica a cidade de Utopia de Morus, em ilhas florescem as ignotas e perfeitas civilizações almejadas entre os séculos XVII e XVIII, desde a Terra Austral de Foigny até a ilha dos Severambes de Vairasse. Numa ilha buscam o paraíso perdido (sem encontrá-lo) os amotinados do *Bounty*, numa ilha vive o capitão Nemo de Verne, numa ilha jazem tanto o tesouro de Stevenson quanto o do Conde de Monte Cristo, e assim por diante, até chegarmos às ilhas das utopias negativas, desde os monstros do doutor Moreau até a ilha do doutor No, à qual aporta James Bond.

UMBERTO ECO

Por que o fascínio das ínsulas? Não tanto porque são um lugar que, como diz a própria palavra, é isolado do resto do mundo. Lugares separados do convívio civil foram encontrados em intermináveis terras firmes por Marco Polo ou Giovanni Pian del Carpine. É porque, antes do século XVIII, quando foi possível determinar as longitudes, podia-se achar uma ilha por acaso e, à semelhança de Ulisses, até fugir dela, mas não havia como reencontrá-la. Desde os tempos de são Brandano (e até Gozzano), uma ilha sempre foi uma *Insula Perdita*.

Isso explica a sorte e o fascínio daquele gênero de livros, popularíssimos entre os séculos XV e XVI, que foram os Insulares, regesto de todas as ilhas do mundo, as conhecidas e aquelas às quais só se referiam vagas lendas. Os Insulares tendiam a seu modo a um máximo de precisão geográfica (à diferença dos relatos dos séculos precedentes sobre terras lendárias) e viajavam no limite entre a versão tradicional e a narrativa de viagem. Às vezes erravam, acreditavam que existiam duas ilhas, Taprobana e Ceilão, onde afinal (hoje sabemos) só existe uma — mas o que importa? Eles representavam uma geografia do ignoto, ou pelo menos do pouco conhecido.

Depois, começam as narrativas dos viajantes do século XVIII, Cook, Bougainville, La Perouse... Também eles à procura de ilhas, mas atentos a descrever somente aquilo que viam, já sem dar crédito à tradição. E é uma outra história.

Em minha opinião, o melhor texto sobre os Insulares é o de Tarcisio Lancioni, *Viaggio tra gli Isolari* (Almanacco del Bibliofilo, Milão, Rovello, 1991), que nos fala da ilha antes do insular, da ilha do insular e da ilha depois do insular. Ademais, contém uma catalogação dos Insulares mais célebres, organizada por Paolo Pampaloni.

♦ 96 ♦

A MEMÓRIA VEGETAL

O insular de Bordone foi impresso pela primeira vez em Veneza, em 1528, e pela segunda, com os mesmos tipos, em 1534. A edição seguinte é de 1565. Esta segunda edição é considerada melhor do que a primeira, porque também contém notícias sobre a América, tais como a primeira descrição impressa que já existiu da entrada de Pizarro no Peru e o primeiro mapa do Japão publicado na Europa. De fato, Bordone abandona a tradição dos Insulares precedentes, que se limitavam às ilhas do Mediterrâneo, e leva em conta os relatos sobre as descobertas geográficas mais recentes. Tenta sair da lenda para entrar na geografia, e poderíamos dizer que seus mapas são de feitura desigual, alguns precisos e outros muito vagos, talvez porque, quando não sabia, Bordone não queria confiar no ouvir dizer, e então calava. Mas não é verdade. Ele também divaga sobre a Taprobana com base em Eratóstenes, coloca a Islândia além do Círculo Polar Ártico, tenta salvar a todo custo a Última Thule, na qual mais ninguém acredita, põe Zanzibar a um tiro de espingarda de Madagascar, e com tamanho despropositado em comparação, registra as Ilhas dos Sátiros, não perde oportunidade de aceitar todas as notícias precedentes, a tal ponto que sentimos quase uma divergência entre a aparente precisão dos mapas (que parecem quase críveis) e o amontoado de curiosidades lendárias no texto.

Mas digamos a verdade. Se Bordone acertasse na mosca em tudo, haveria boas razões para devanear sobre ele, mais que sobre o Atlas de Agostini?

Publicado como introdução ao *Isolario* de Benedetto Bordone, anástase da edição de 1534. Turim, Les Belles Lettres, Nino Aragano Editore, 2000.

Por que Kircher?

Não recordo quando encontrei o nome de Athanasius Kircher pela primeira vez na minha vida, mas certamente recordo quando comecei a folhear seus livros para extrair deles alguns dos seus fantasiosos iconismos. Foi lá pelo final de 1959, quando comecei a recolher material com vistas a uma *Storia figurata delle invenzioni* que depois saiu pela Bompiani, e para a qual eu não havia percorrido somente bibliotecas, mas também arquivos de museus da ciência, como aquele (fornidíssimo) do Deutsches Museum de Munique.

Por que recordo esse fato, que em si mesmo só interessaria a uma indesejável autobiografia minha? Para dizer que, na época, Kircher era lembrado apenas como antecipador de máquinas futuríveis, como a fotografia ou o cinema, como um Verne *ante litteram*, e quanto ao resto seus textos jaziam precisamente nas bibliotecas, consultados por algum surrealista atrasado e por algum caçador de textos bizarros e obsoletos como Baltrusaitis. Se examino as bibliografias do *Athanasius Kircher S.J., Master of a Hundred Arts* de P. Conor Reilly (Wiesbaden, Edizioni del Mondo, 1974) e de Valerio Rivosecchi (*Esotismo in Roma barocca*, Roma, Bulzoni, 1982), encontro uma lista de títulos, de artigos

UMBERTO ECO

em sua maioria, que é inferior à das obras kircherianas. Entre nós, eu diria que o primeiro interesse seriamente manifestado quanto a Kircher, que no entanto trabalhou e morou em Roma, são as atas do congresso de 1985 sobre ele (*Enciclopedismo in Roma barocca*, Veneza, Marsiglio, 1986), nas quais não por acaso aparecem, entre os prefaciadores, kircherianos "precursores" como Eugenio Battisti e Giulio Macchi.

A título de curiosidade, lembro que no início dos anos 1980, quando comecei a colecionar todas as obras do fuldense, podia-se ter um Kircher por algo como oitocentas mil liras. Hoje, sem falar do *Oedipus* completo, da *China*, do *Mundus Subterraneus* ou da *Musurgia*, que estão caminhando para o teto das várias dezenas de milhões cada um, também custam alguns milhões as coisas menores, sem ilustrações, como o *Archetypon Politicum*, modestíssimo do ponto de vista da bibliofilia.

Cito esses dados para dizer que, além da atenção dos doutos, nos últimos vinte anos desencadeou-se sobre Kircher a atenção de aficionados e bibliófilos. As razões não seriam estranhas, os livros de Kircher são esplendidamente ilustrados, mas os velhos catálogos do século XIX os davam como pouco procurados, e por conseguinte o conceito de ilustração apreciável também varia no decorrer dos anos.

O fascínio de Kircher deve-se igualmente à dificuldade de classificá-lo. Pode-se elaborar uma lista de afirmações erradas que Kircher fez ao longo de sua vida e livro por livro, e reduzir o pobre jesuíta a um autodidata desprovido de senso crítico que jamais acertou uma. Nesse sentido, Kircher pertenceria àquela categoria dita em francês "*les fous littéraires*", que compreende também os loucos científicos, sobre os quais existem catálogos e bibliotecas

◆ 100 ◆

A MEMÓRIA VEGETAL

especializados. Triste situação para um homem que, poderosíssimo em sua Ordem, e estimadíssimo pelos contemporâneos, incluídas pessoas como Leibniz, iria ver-se relegado a item daqueles mesmos museus de teratologias naturais de que ele próprio foi iniciador, prodígio só interessante para uma Wunderkammer.

Por outro lado, em suas obras, aquilo que hoje chamaríamos dado científico e a concessão ao fascínio do excepcional, junto com hipóteses aventurosas e certamente aventadas, com frequência se misturam de maneira inextricável. Vejam-se por exemplo seus estudos de egiptologia, desde o *Prodromus coptus sive aegyptiacus* (1636) e o *Obeliscus Pamphilius* (1650), passando pelo monumental *Oedipus Aegyptiacus* (1652-1654), até a *Obelisci aegyptiaci interpretatio hieroglyphica* (1666) e a *Sphynx mystagoga* (1676). Kircher estudou os obeliscos romanos e qualquer outro testemunho que pudesse encontrar em Roma, e deles extraiu uma teoria apaixonante, mas totalmente falsa, para a decifração da linguagem hieroglífica. No entanto, sem os desenhos dos seus livros, Champollion não teria podido estudar a fundo o mesmo assunto e encontrar (mas ele também dispunha da estela trilíngue de Rosetta) a chave certa para ler todas aquelas imagens. Tanto que até hoje Kircher é definido como o pai da egiptologia, embora tenha sido um pai demasiadamente fantasioso.

Poderíamos ser generosos e creditar-lhe somente as coisas em que acertou. Em *China* (1667), graças às relações de seus confrades jesuítas, ele recolhe e documenta uma extraordinária variedade de notícias sobre aquele país. Interpretando-as a seu modo, engana-se em muitas, traído também pela fantasia (que por outro lado ele sempre contribuía para estimular) dos artistas gravadores, mas havia compreendido que os ideogramas chineses têm

♦ 101 ♦

origens icônicas (parece estranho, mas personagens ilustres como Bacon ou Wilkins não tinham suspeitado disso) e intuído o futuro de uma espécie de antropologia cultural a ser feita percorrendo continentes remotos e ignotos e recolhendo todo tipo de documento (Kircher foi um belo exemplo de explorador infatigável que, sem sair de casa, fazia trabalharem os próprios confrades).

Em *Ars magna lucis et umbrae* (1646), especialmente na edição de 1671, entre invenções de teatros catóptricos e estudos de relógios solares, chega a um passo de inventar o cinema. Em *Ars magna sciendi* (1669), de inspiração lulliana e denso de análises combinatórias, adianta sugestões que até hoje impressionam os estudiosos de informática — ainda que, afinal, sobre ambos os assuntos fosse um epígono, a câmara escura não foi inventada por ele e Della Porta já havia falado dela, Huygens tinha pensado na lanterna mágica e Thomas Rasmussen Walgenstein a popularizara, e sobre os prodígios da combinatória Raimundo Lullo o precedera.

Mas certamente Kircher compreendeu que e como se devia usar o microscópio, e que as pestilências eram provocadas por microrganismos; embora temesse ser galileano, tentou aquela solução da terceira força proposta por Tycho Brahe, a qual, para a época, não era em absoluto desprezível — falsa, mas engenhosa. Para não falar das observações sobre os vulcões, os quais, aliás, foi conhecer pessoalmente — tanto que, há pouco tempo, foram justamente os vulcanólogos a republicar uma bela anástase do *Mundus Subterraneus*.[1]

---

[1] *Mundus Subterraneus in XII Libros digestus. Editio Tertia.* Organização de Gian Battista Vai, Bolonha, Forni, 2004.

A MEMÓRIA VEGETAL

Por outro lado, a obra foi muito levada a sério inclusive em sua época, até por aqueles que só a aprovavam em pequena parte (Huygens dizia que Kircher "devia ser apreciado mais pela sua piedade do que pela sua habilidade"). Seja como for, mesmo antes de o livro aparecer, Oldenburg escrevia sobre ele a Boyle, Spinoza enviou um exemplar a Huygens, Steno o menciona em algum lugar, o próprio Oldenburg escreve uma resenha a respeito no primeiro volume de *The Philosophical Transactions of the Royal Society* e, no número seguinte, reproduz uma seção do livro (*An experiment of a way of preparing a liquor that shall sink into a color the whole body of marble...*).[2]

Naturalmente, tampouco nesta obra Kircher se desmente: guloso e insaciável, fala-nos da lua e do sol, das marés, das correntes oceânicas, dos eclipses, de águas e fogos subterrâneos, de rios, lagos e nascentes do Nilo, de salinas e minas, de fósseis, metais, insetos e ervas, de destilação, fogos de artifício, geração espontânea e pansmermia, mas com a mesma desenvoltura nos descreve (e nos faz ver) dragões e gigantes (aliás, naturalistas ilustres, de Aldrovandi a Johnston, não conseguiam prescindir dos dragões — e afinal o próprio Kircher mostra saber alguma coisa sobre o iguana, e um naturalista que tenha visto ou ouvido falar do iguana pode levar a sério também os dragões).

Mas, dentre todos os aspectos do *Mundus*, além de seu interesse geológico há um de enorme importância para a história da cultura e — quero frisar — para a afirmação de uma mentalidade científica contra o delírio ocultista.

---

[2]Cf. P. Conor Reilly, *Athanasius Kircher S.J., Master of Hundred Arts*, Wiesbaden-Rom, Edizioni del Mondo, 1974.

♦ 103 ♦

No décimo primeiro livro do *Mundus*, Kircher decide acertar as contas com a alquimia. Faz isso como historiador e como estudioso experimental: por um lado, vai reler toda a tradição alquímica, desde as fontes antigas (obviamente parte de Hermes Trismegisto, mas não despreza fontes coptas e hebraicas, além da tradição árabe) até o pseudo-Lullo, Arnaldo di Villanova, Roger Bacon, Basilio Valentino e assim por diante; por outro, constrói em seu laboratório (e nos mostra por imagens) várias espécies de fornos, coleta receitas seculares, testa-as, critica-lhes a imprecisão ou a inutilidade, e está claro que, para testar (mais de uma vez) toda uma série de preceitos tradicionais, ele havia acolhido ao seu redor uma pletora de embusteiros a fim de aprender como eles faziam suas engenhocas e por fim compreender os fundamentos destas, que hoje diríamos "racionais", ou experimentalmente explicáveis sem recorrer a nenhuma hipótese de Pedra Filosofal.

Assim, Kircher distingue entre quem crê impossível a transmutação alquímica (ou possível só por intervenção divina ou diabólica) mas não deixa de fazer pesquisas químicas para outros fins, e quem faz metalurgia, de quem vende imitações de ouro e prata e comercia com a própria patifaria.

Não era pouca coisa, para sua época, medir-se criticamente com Paracelso, e sobretudo (o que ele faz no sétimo capítulo do décimo primeiro livro) chocar-se contra autoridades reconhecidas como Sendivogio ou Robert Fludd, além de esgrimir quase exorcisticamente contra a tradição rosa-cruzista, que havia uns quarenta anos vinha seduzindo meia Europa. É certo que estava em curso uma luta entre a cultura contrarreformista e a tradição protestante da qual provinham os primeiros libelos dos Rosa-Cruzes, mas, afinal, Kircher luta por uma visão mais

A MEMÓRIA VEGETAL

racional e experimental da química vindoura, em pleno século XVII, e isso quando a tradição alquímica continuaria tranquilamente até os maçons do século XIX e — a julgar pelos muitos textos em circulação até hoje, que celebram a sabedoria da Tradição — ainda não morreu de todo, ao menos em seus aspectos místico-herméticos.

Poderíamos então concluir que o livro-razão kircheriano (eu gostaria de dizer a sua Tarifa) permanece empatado: ele adivinhou tantas quantas errou, e os malignos insinuarão que, tendo-se ocupado rigorosamente de tudo, e por dezenas de milhares de páginas, estatisticamente só lhe podia acontecer isso, acertar um pouco sim e um pouco não, como se ele apostasse num jogo de azar.

Mas fica em aberto a pergunta: por que Kircher nos fascina? Eu diria que ele nos fascina pela mesma razão pela qual errou tantas. Por sua voracidade, por sua bulimia científica, por sua ânsia enciclopédica, e pelo fato de ter seguido a própria paixão enquanto se encontrava, e não por culpa sua, a meio caminho entre duas épocas da enciclopédia. A primeira, a greco-romana (pensemos em Plínio) e medieval, na qual o enciclopedista recolhia tudo o que ouvira dizer, sem a preocupação de verificá-lo; a segunda, a da *Encyclopédie* iluminista, na qual o enciclopedista presidia ao trabalho de uma multidão de especialistas e cada um só falava daquilo que conhecia por experiência direta. Kircher fala de tudo, inclusive por ouvir dizer, mas de tudo quer dar a prova, a imagem, o diagrama, as leis de funcionamento, as causas e os efeitos. Tendo chegado atrasado, ou adiantado, Kircher fala em tom científico de coisas sobre as quais se engana, e não renuncia a falar sobre tudo.

UMBERTO ECO

Certamente a razão principal do seu fascínio vem daquilo em que ele não pôs diretamente as mãos — mas sem dúvida pôs a mente: os iconismos.

Esse homem soube mobilizar a imaginação dos seus colaboradores impelindo-os a inventar, junto com ele, o mais extraordinário dos teatros barrocos. Quanto existe de Kircher por trás desse empreendimento fica claro pelo fato de que, de livro em livro, quase parece que a mesma mão sempre desenhou aquelas imagens. Nos iconismos de Kircher, a pretensão de exatidão científica produz o mais desvairado delírio da fantasia, tanto que se torna verdadeiramente impossível, mais do que na obra escrita, discernir o verdadeiro do falso.

No fundo, não por acaso Kircher foi amado por alguns surrealistas. É surrealístico seu modo de encarar o saber. Ele é um caçador do maravilhoso, e sua poética, e a justificação para seus muitos erros, pode ser encontrada naquela dedicatória que fez ao imperador Ferdinando III no início do terceiro livro do *Oedipus*, em que as configurações hieroglíficas se tornam uma espécie de dispositivo alucinatório:

Desenvolvo ante os olhos teus, ó Sagradíssimo César, o polimorfo reino do Morfeu Hieroglífico: digo um teatro disposto em imensa variedade de monstros, e não monstros nus de natureza, mas sim adornados pelas Quimeras enigmáticas de uma antiquíssima sapiência que aqui confio possam os engenhos sagazes descobrir desmesurados tesouros de ciência, não sem vantagem para as letras. Aqui o Cão de Bubastis, o Leão Saítico, o Bode Mendésio, o Crocodilo apavorante pelo hor-

A MEMÓRIA VEGETAL

rendo escancarar-se das fauces descobrem os ocultos significados da divindade, da natureza, do espírito da Sapiência Antiga, sob o umbrátil jogo das imagens. Aqui os sitibundos Dipsodos, os Áspides virulentos, os astutos Icnêumones, os cruéis Hipopótamos, os monstruosos Dragões, o sapo de ventre inflado, o caramujo de retorcida concha, a lagarta hirsuta e inumeráveis espectros mostram a admirável cadeia ordenada que se desdobra nos santuários da natureza. Apresentam-se aqui mil espécies exóticas de coisas em muitas e muitas imagens transformadas pela metamorfose, convertidas em figuras humanas e de novo restauradas em si mesmas em mútuo entrelaçamento, a ferinidade com a humanidade, e esta com a artificiosa divindade; e enfim a divindade que, para dizer com Porfírio, flui pelo universo inteiro, urde com todos os entes um monstruoso conúbio; onde agora, sublime pelas feições variegadas, levantando a cerviz canina, revela-se o Cinocéfalo, e o torpe Íbis, e o Gavião envolto por máscara rostriforme ... e onde ainda, engodando com virgíneo aspecto, sob o invólucro do Escaravelho, esconde-se o acúleo do Escorpião ... [*Isto e muito mais, listado em quatro páginas*] neste pantomorfo teatro de Natureza contemplamos, desdobrado diante do nosso olhar, sob o velame alegórico de uma significação oculta.

É difícil classificar Kircher, que viveu toda a sua existência com um pé no seu teatro "pantomorfo" e outro no controle *de visu* dos dados que recolhia. Personagem barroco, mais do que quantos tenham porventura existido, Arcimboldo da história da ciência, em nossos dias ele acabou por encantar mais os sonhadores do que os cientistas.

♦ 107 ♦

UMBERTO ECO

Mas, no fundo, o que devemos a Kircher é a ideia de que se pode sonhar sobre a ciência e sobre a técnica. Coisa que todo cientista sabe, exceto pelo fato de conter-se além de um certo limite, e coisa que todo autor de ficção científica sabe, salvo que estabelece como projeto o de ultrapassar o limite. Também aqui Kircher viaja pelo meio do caminho, entre a preocupação de exatidão do cientista (além da qual, porém, sempre procura ir) e a fantasia do fabulador (que, ao contrário, sempre tenta limitar).

Relemos (e sobretudo olhamos de novo) Kircher talvez justamente por causa dessa tensão que ele, felizmente, foi incapaz de conciliar.

O meu Migne, e o outro

Minha história com o abade Migne começa assim. Como acontece em toda turma de liceu, fazem-se joguinhos insensatos, só para passar o tempo e garantir a coesão social. Nós, por razões a esta altura imponderáveis, durante os anos do liceu nos dividíramos em dois grupos, cada um dos quais havia escolhido uma palavra mágica, e o jogo consistia em ver, a cada manhã, quem entrava primeiro na sala e escrevia na lousa o mote, o *shibboleth*, o mantra, a palavra de ordem de sua corriola. Também a escolha da palavra mágica havia sido casual, sabe-se lá como nascem essas coisas...

O primeiro grupo ficara fascinado pela expressão *boletus satanas* (é um cogumelo venenoso) escutada durante a aula de ciências; o segundo (o meu, e sei lá por quê) havia tomado como estranho, misterioso, evocativo, o nome Migne, pronunciado pelo professor de filosofia, que (evidentemente, estávamos no primeiro ano), falando-nos da filosofia patrística e medieval, havia citado, como monumentos imprescindíveis, as duas coletâneas da Patrologia Grega e da Patrologia Latina de Migne. Talvez nos tivesse impressionado o número dos volumes, 247 para as duas séries da Patrologia Grega e 221 para a Patrologia Latina — e pensar

♦ 109 ♦

que eu ainda não os tinha visto ao vivo, em seu majestoso formato in-fólio, capazes de ocupar toda uma parede de biblioteca, ou a sala inteira, dependendo do tamanho do local.

Fosse como fosse, nós nos precipitávamos para a lousa e escrevíamos ou Migne ou Boletus. Não recordo qual grupo fez mais pontos (no fim, a gente acaba se cansando desses jogos), mas certamente — e repito, por razões imponderáveis — o abade Migne tinha entrado em minha vida. E nela ficou, à diferença do que aconteceu aos meus colegas de turma. Talvez fosse um sinal do céu: mais tarde defendi tese sobre a filosofia medieval, continuei a me ocupar de Idade Média no decorrer da vida, e a consulta a Migne tornou-se um hábito frequente. Diga-se de saída que muitos dos textos publicados por Migne reapareceram nos anos seguintes (ou melhor, já podemos falar de um século e meio), em edições críticas mais seguras. Também quanto a esses textos, para uma primeira visão, o Migne permanece fundamental, porque nele se encontram todos juntos, e não estamos falando daqueles que ainda só são encontráveis em suas páginas. Tanto é verdade que o editor Brepols continua a reimprimir o Migne, e as bibliotecas o compram.

Como colecionador de livros antigos, eu gostaria de possuir um dia todo o Migne, ao menos a Patrologia Latina. É difícil encontrar uma coleção completa dele em algum antiquário, mas, procurando, um volume aqui e outro ali, sem exigir que sejam todos da mesma ninhada, seria possível juntá-los, e o montante final não seria nem um pouco astronômico. O que é sideral é o montante do novo apartamento, de três quartos pelo menos, que o colecionador deveria comprar ou alugar para guardar os volumes lá dentro.

A MEMÓRIA VEGETAL

Hoje, o sonho é realizável por via digital: por um valor que anos atrás já era de cinquenta mil dólares, pode-se adquirir todo o Migne latino em cinco disquetes (ou então subscrever-se para consulta via Internet), com o texto original, prefácios, aparato crítico e índices. Com dois toques de tecla, podem-se encontrar todas as ocorrências de um determinado termo e imprimir os textos. Fabuloso.

Minha história com Migne não acaba aqui. Eu já ficava estupefato ao constatar como um só homem, trabalhando sobre manuscritos ou antigas edições pré-oitocentistas, transcrevendo à mão, depois passando aquelas páginas ao tipógrafo, e finalmente corrigindo as provas, podia ter levado a termo tamanho empreendimento. De que ele recorrera a alguns colaboradores eu não duvidava (não sabia que foram centenas), mas ainda assim admirava aquele padre humilde, nascido no início do século XIX e falecido setenta e cinco anos depois, e me comovia ao pensar em seus olhos já enfraquecidos, em sua figura debruçada sobre seus suados papéis, consumindo a vida na obscuridade de algum claustro (até porque, aos nossos ouvidos italianos, o *Abbé* francês, que afinal significa *dom*, padre secular, reverendo, soava como *abade*, e assim eu atribuía ao Migne virtudes monacais, como ao ainda mais venerável Mabillon).

Só que, crescendo em idade e sabedoria (assim como em habilidade colecionística), descobri que as duas Patrologias, no currículo de Migne, eram só a ponta do iceberg. Por baixo estavam, apenas para citar alguma coisa, um *Scripturae Sacrae Cursus Completus* de 28 volumes, um *Theologiae Cursus Completus*, também com 28 volumes, as *Démonstrations Evangéliques* de 20 volumes, a *Collection Intégrale et Universelle des Orateurs Sacrés* em

♦ 111 ♦

duas séries, com nada menos que 102 volumes, a *Summa Aurea de Laudibus Beatae Mariae Virginis*, de 13 volumes, e a *Encyclopédie Théologique*, de 171 volumes, para não falar de outras coletâneas de escritos de santo Tomás, santa Teresa e outros. Enfim, descobri que Migne, o qual, evidentemente, não se negava nada, havia também publicado — como tomo 48 da *Encyclopédie Théologique* — um *Dictionnaire des sciences occultes* (este eu tenho), que contém em apêndice um *Traité Historique des Dieux et des Démons du Paganisme*, de Benjamin Binet, e uma *Réponse à l'Histoire des Oracles de M. de Fontenelle*, do Reverendo Padre Baltus. É verdade que eu tinha esclarecido que se tratava de uma reedição do *Dictionnaire Infernal* de Collin de Plancy, enriquecido quase por colagem de artigos tirados de outras publicações do autor, mas, mesmo assim, só o fato de republicar obras alheias corrigidas e atualizadas era um belo *tour de force*.

Isso, até o momento em que conheci Howard Bloch, justamente quando ele acabava de publicar o livro que os senhores se preparam para ler em tradução italiana, e do qual logo me fez gentil presente. Uma revelação. Migne não era apenas um gênio da organização editorial e das finanças, era também um explorador de mão de obra intelectual — e digamos tudo, enfim — um homem de pouquíssimos escrúpulos, para não falar um aventureiro — e sabe-se lá o que não viria a ser se, em vez de traficar com textos sacros e pergaminhos vetustos, tivesse podido trabalhar com redes de televisão e Internet.

De modo que o livro de Bloch se apresenta como incrível e empolgante leitura, mesmo para quem jamais teve nas mãos um volume da Patrologia e é insensível às belezas daquele latim me-

◆ 112 ◆

A MEMÓRIA VEGETAL

dieval, corrompido e decrépito, que se desatava na língua decadente do Des Esseintes de *À rebours*.

Espero realmente que esta extraordinária figura de patife genial, benfeitor das humanas letras e de si mesmo, possa fascinar o leitor tanto quanto fascinou a mim (ainda que um pouco decepcionado, porque os mitos, quando desmoronam, deixam um certo amargor na boca).

Publicado como introdução a Howard Bloch, *Il Plagiario di Dio*, Milão, Sylvestre Bonnard, 2002.

O ESTRANHO CASO DA HANAU 1609

O colecionador, quando tem nas mãos o exemplar de um livro raro, por muito tempo desejado, e se prepara para certa forma de colação, costuma estremecer à ideia de uma simples alternativa: ou sua cópia corresponde à descrição dos catálogos mais acreditados — e é o triunfo —, ou mostra-se desprovida de alguma coisa — e é o desespero. Em raros casos, o desprazer se colore de uma tênue esperança, se a falta de uma estampa, por exemplo, permitir uma pesquisa para chegar a uma *made-up copy* que satisfaça pelo menos os critérios da completude, se não os da perfeição.

Mas existe uma terceira possibilidade: a de o exemplar parecer incompleto, mas os catálogos discordarem sobre os critérios de completude, e até as mais aventurosas colações chegarem a resultados diversos. Em tais casos a pesquisa se torna dúplice: por um lado, visa a encontrar o elemento ou os elementos faltantes, e, por outro, a harmonizar as aparentes discrepâncias dos catálogos. Dupla peripécia policial, que poderia até concluir-se vitoriosamente em qualquer caso, quando se descobrisse que do livro não existe cópia-padrão porque, por variadas vicissitudes, todas as suas cópias são por definição compósitas.

◆ 115 ◆

UMBERTO ECO

É esse o caso do *Amphitheatrum Sapientiae Aeternae* de Heinrich Khunrath, conhecido em geral na edição Hanau 1609. Talvez minha investigação não traga nada de novo no que se refere ao *Amphitheatrum* enquanto "tipo", mas provavelmente diz algo sobre algumas de suas "ocorrências" (ou cópias físicas) — e certamente constitui uma reflexão sobre o modo pelo qual falam dele os bibliógrafos e os historiadores: tem-se a impressão de que em sua maioria estes giraram, como mariposas enlouquecidas, em torno da pálida luz de certas descrições precedentes, tendo alguns positivamente visto uma só cópia e outros, nenhuma. A história de muitas doutas colações é com frequência uma pura história de citações intertextuais em série: os catálogos não falam dos livros, mas de outros catálogos. Como dizia Dennis Duveen ao apresentar a segunda edição de sua *Bibliotheca Alchemica et Chemica*, expressões como "Not in Duveen" e "Not in Ferguson" muitas vezes significam apenas que o colecionador não tinha nem vontade nem dinheiro para obter aquele livro, e, portanto, a ausência de uma edição não significa que se trate de uma obra "de la plus insigne rareté", como afirmam outros catálogos.

Khunrath

Brunet (III, 658) diz que o *Amphitheatrum* é "obra singular, mas pouco procurada". No século anterior, porém, Lenglet du Fresnoy adverte em bibliografia que, "malgré plusieures éditions, ce libre ne laisse pas d'être assez rare". Eu diria que a obra é sem dúvida singular, agora é procurada, mas não se pode afirmar que seja raríssima, ao menos na edição Hanau 1609, que aparece em

♦ 116 ♦

A MEMÓRIA VEGETAL

várias coleções e bibliotecas.[1] O problema, veremos, é de que modo ela se apresenta.

Seja como for, admitindo que não tenha sido muito procurada até tempos mais recentes, procedo com algumas informações essenciais.

Heinrich Khunrath, às vezes Kunrath, outras Kuhrath, Kunraht, Cunrath, Cunrad, Conrad (a ponto de ser confundido com seu irmão Conrad Khunrath, ver Ferguson I, 462-464), nasce em Leipzig em 1560, estuda medicina em Leipzig e em Basileia, onde segue cursos de espagírica junto com o místico protestante Johannes Arndt (cf. BPH, 33). Alquimista mas, especialmente no *Amphitheatrum*, antes na vertente simbólica do que na operativa.[2] Morre aos quarenta e cinco anos, em 1605. No retrato que aparece no *Amphitheatrum Sapientiae Aeternae*, Khunrath dá a impressão de ser bem mais idoso, mas naquela época as pessoas envelheciam rapidamente, em especial se usassem os fármacos aconselhados por Paracelso.

Para o *Amphitheatrum* reproduzo a ficha que descreve a minha cópia, a qual pode ser considerada completa.

---

[1] Oito cópias NUC.

[2] Sobre as várias obras de Khunrath, cf. Jung, que (em *Psicologia e alquimia*, no *Mysterium Conjunctionis* e em *Os arquétipos e o inconsciente coletivo*) cita de preferência o *Von hylealischen... Chaos*, ed. 1597). Para as referências de Jung ao *Amphitheatrum*, cf. Mellon I, 210. Nas outras histórias da alquimia, Khunrath aparece raramente, menos no recente Van Lennep. A exceção, naturalmente, é Thorndike (VII), a quem nada escapa. Sobre a vida de K., cf. Moller, J., *Cimbria Literata*, Hanôver, 1744; Kopp, H., *Geschichte der Chemie*, Brunswick, 1844 (cit. *in* Van Lennep). Nas várias obras sobre os rosa-cruzes reserva-se amplo espaço a Khunrath.

UMBERTO ECO

Amphitheatrvum Sapientiae Aeternae, Solivs Verae, Christiano-Kabalisticvm, divino-Magicvum, nec non Physico-Chymicvm, Tertrivnvm, Catholicon: instructore Henrico Khvnrath Lips: Theosophiae amatore fideli et Medicinae utriusq. Doct: Hallelu-Iah, Hallelu-Iah! Hallelu-Iah. Phy diabolo! E Millibvs Vix Vni ...

Anno MDCII. Cvm Privilegio Caesareae Majest: Ad Decennivm; A Prima Impressione Die.

(Colophon: Hanoviae Excudebat Guilielmus Antonius MDCIX. Cum S.ae Caesareae Majestatis Privilegio ad decennium a prima impressionis die.)

Fólio (30*19,5). II^2, A-G^4, H^2, A-2E^4; pp. 60 + 222, + (2), 1 f. nn. Erros de numeração na segunda parte: 62 como 42, 147 como 145, 148 como 146, 149 como 147, 150 como 148, 191 como 192, 192 como 193, 217 como 127.

Frontispício gravado, retrato, 9 estampas duplas ft, 1 est. ft com petrel-gigante, duas tabelas duplas ft (uma das quais gravada). As estampas, na ordem de encadernação no início do volume, são: Fts anônimo, Retrato de Johan Diricks; cinco estampas duplas retangulares sem nome do gravador e com várias expressões atribuídas à inspiração de K. (*Adumbratio Gymnasii, Designatio Piramidum* ou *Tabula Smaragdina, Ypothyposis Arcis* ou *Cittadella, Porta Amphitheatri*, o *Autor e seus inimigos*); quatro estampas duplas circulares assinadas por Khunrath como "inventor", por van der Doort como *sculptor*, e a última também por H.F. Vriese como *pictor* (*Cristo, Adão Andrógino, Rebis, Laboratório de K.*); sinete com petrel-gigante, anônimo. Capitulares e letras ornamentais.

♦ 118 ♦

A MEMÓRIA VEGETAL

As estampas estão listadas na ordem em que aparecem na minha cópia. Como veremos, não encontrei duas cópias que sigam a mesma ordem, e a opinião de quem descreveu sucessões "ideais" é divergente. Além disso, como os vários autores dão nomes fantasiosos a essas estampas, eu me ative, no caso das retangulares, à expressão que aparece no início da legenda (exceto para a estampa hoje universalmente conhecida como estampa dos Inimigos) e, no das circulares, àquela que me parece a vulgata mais corrente. Às vezes a estampa com o Cristo (que, embora tendo os braços abertos, não está crucificado) é interpretada como estampa da Rosa-Cruz, já que qualquer estrutura circular com aspecto de simetria radiada é sempre vista pelos ocultistas como uma rosa. Enquanto não há dúvidas na identificação da estampa do Laboratório, no caso das outras duas fica-se na incerteza. A segunda representa uma figura com dois rostos inserida numa estrutura triangular, e é entendida comumente como a estampa de Adão e Eva ou do Adão andrógino. A terceira estampa representa indubitavelmente o Rebis, afigura embaixo o caos primigênio, fala da Pedra Filosofal.

Por outro lado, é difícil reconhecer as estampas a partir da descrição dada por Khunrath no final do volume. De fato, como se verá adiante, as estampas circulares só se identificam a partir da edição 1595. E sobre essa base pode-se afirmar que a sucessão que aparece na minha cópia é a autorizada pelo texto.

Na verdade, todo o tom da obra é extremamente hermético. Trata-se de um discurso com alta temperatura mística, dotado de invocações, exortações, interjeições exorcísticas, muitas vezes em elaborada composição tipográfica, e que descreve sete graus de ascese e de descoberta da sabedoria. O texto prossegue comen-

UMBERTO ECO

tando 365 versículos bíblicos (dos Provérbios e do Livro da Sabedoria), um para cada dia do ano, citados em duas versões paralelas (Vulgata e nova tradução a partir do grego ou do hebraico), e conclui-se com uma Isagoge ou comentário das quatro estampas circulares. Abundam as referências à alquimia, à Cabala, à doutrina dos sinais e a outros temas correntes do hermetismo renascentista e barroco; em particular, o equipamento alquímico é usado como metáfora místico-ascética (relação de analogia entre Lápis e Cristo).

Sobre o estilo dessa obra houve, desde o início, avaliações severas. Johann Anton Söldner, em *Fegfeuer der Chymisten*, diz que o *Amphitheatrum* demonstra a arrogância e a ignorância de seu autor, que não está inspirado pelo espírito divino, mas pelo demônio do orgulho. Se Fictuld (*Probier-Stein*) o tem em grande honra, Carbonarius, autor pseudônimo de *Beytrag zur Geschichte de höhern Chemie*, ataca-o ferozmente. Para Lenglet du Fresnoy, o livro é muito alegórico e fora do alcance da maioria dos leitores (*Histoire de la philosophie hermétique* III, p. 198), porque Khunrath, "par une obscurité affectée, a pretendu se faire passer pour un grand homme". É verdade que, Lenglet até o havia anotado, nesses escritores a clareza excessiva é considerada nociva (I, p. 382).

Waite (1924, 61) lamenta que Khunrath tendesse à "disastrous literary fashion" difundida por Paracelso, misturando o latim com o alemão e vice-versa, tanto que sua leitura se torna um calvário para o leitor que só conheça uma dessas línguas.

Se o texto é obscuro, igualmente obscuras mas sem dúvida fascinantes são as estampas. São complexas construções verbo-visuais, em que cártulas, legendas, composições a rébus se fun-

A MEMÓRIA VEGETAL

dem com representações simbólicas. As estampas retangulares representam paisagens surreais, itinerários iniciáticos, e culminam no acesso à Porta Amphitheatri, uma espécie de subida dantesca por uma trilha mágica que, como veremos, recorda a muitos a tumba de Christian Rosencreutz como vem descrita na *Fama* rosacruciana. Três das estampas circulares são alegorias alquímicas, a quarta representa o celebérrimo oratório-laboratório onde o alquimista está ajoelhado em adoração, num ambiente cheio de símbolos matemáticos, musicais, arquitetônicos e químicos. Pelo menos três vezes (Frontispício, Hipotipose, Inimigos) retorna o símbolo da Monas Hyerogliphica de John Dee.[3]

É fácil imaginar as ilações, as conjecturas, as desconstruções interpretativas que esse material ilustrativo encorajou ao longo dos séculos, particularmente em relação à influência que ele pode ter tido sobre os supostos compiladores dos manifestos rosacrucianos e (entre estes) sobre Johann Valentin Andreae como autor de *O casamento químico de Christian Rosencreutz*.

Por um lado, os textos rosacrucianos parecem atacar Khunrath: a *Confessio* (1615) contém um convite a rejeitar os "Pseudoschymicorum ... libellos quibus vel SS. Triade ad futilia abuti lusus: vel monstruosis figuris atque aenigmatibus homines decipere jocus: vel credulorum curiositas lucrum est: quales aetas nostra plurimum produxit: unum ex iis praecipuum Amphitheatralem histrionem ..." (XII).

---

[3]Uma boa biografia de Dee como a de French sequer menciona Khunrath, que no entanto conheceu Dee em Praga. Em contraposição, as relações dele com Dee são sublinhadas por Yates 1972 e por Edighoffer 1982, além de Evans 1973 (talvez o mais preciso, entre os historiadores, ao fornecer uma bibliografia do *Amphitheatrum*).

♦ 121 ♦

Andreae (em *Mythologia Christiana*, V, p. 45) conta o apólogo de um charlatão que atrai as pessoas à praça pública ao som de uma trompa para vender-lhes remédios miraculosos, e, quando o público fareja o engodo, responde: "Este é o segredo mais secreto de todos os segredos, a minha coisa é invisível para todos, menos para os adeptos desta arte, e nem mesmo um entre mil tem condições de concebê-la." Andreae cita em latim "ex millibus uni". E o frontispício do *Amphitheatrum* traz o mote "e millibus vix uni".

Além disso, Andreae comenta o discurso do charlatão com expressões como "Chaos Magnesiae, Pyramis Triumphalis, bonum Macrocosmicum, Arx primaterialis, Antrum Naturae, Gymnasium Universale, Porta Sapientiae, Speculum Legis, Oratoriolaboratorium, rejectio binarii und ähnliche Orbimperipottendificuncta, undiquo-quoversum bombitaranta-rantia, verbocinatoria und so fort ...". A alusão ao *Amphitheatrum* parece explícita. É curioso que o mesmo episódio seja quase literalmente relatado por Comenius em *O labirinto do mundo* (escrito em 1623 e publicado, em tcheco, em 1631) e que Frances Yates (1972, p. 197 ed. it.), transcrevendo por extenso o trecho, ignore a ascendência dele e sobretudo não identifique as óbvias citações a Khunrath, considerando que são referências a Fludd.

Mas como conciliar esse ataque com a ideia fixa, para os rosacruzistas sucessivos, de que Khunrath foi o inspirador deles? Como conciliá-lo com a afirmação de Andreae (*Mithologia Christiana*, III, p. 23) que põe Khunrath entre os "insolitae eruditionis homines"?

Além disso, o inspirador de Andreae é Arndt, e Arndt, em vários escritos, expressa-se com entusiasmo em relação a Khun-

A MEMÓRIA VEGETAL

rath. Não só: a ele é atribuído (cf. BPH, 38-40) o comentário entusiástico à primeira versão do *Amphitheatrum* e às estampas circulares (comentário que Benedictus Figulus publica, anônimo, como apêndice a Khunrath, *De igne magorum et philosophorum*, em 1608).

Diante de tais ambiguidades, as explicações se anulam entre si. Se considerarmos que Andreae às vezes fala bem de Khunrath, isso demonstraria que não é ele o autor da *Confessio*. Mas, como vimos, Andreae também o maldiz, e por conseguinte concorda com a *Confessio*. Por fim, o ataque a Khunrath aparece na edição latina de 1615 da *Confessio* e some nas traduções alemãs seguintes, menos em uma — e é curioso que desapareça também nas três traduções que tenho comigo (Yates 1972, Gorceix 1970, Wehr 1980), evidentemente feitas sobre edições posteriores.

BPH (p. 40) sugere que Andreae não gostava de Khunrath e respeitava Arndt, mas achava que o *Judicium* atribuído a Arndt era uma manipulação de Figulus. Explicação muito retorcida, que não esclarece por que Andreae, em outros lugares, fala bem de Khunrath. Waite (1924, p. 63) confessa candidamente ter sabido por um certo Dr. Cantor[4] que na *Confessio* haveria um ataque a Khunrath, mas que tende a excluí-lo pelas seguintes razões: uma pessoa de bem como Khunrath não podia ser acusada de char-

---

[4]Trata-se certamente do grande matemático Georg Cantor, que tinha notoriamente propensões paraocultistas, a ponto de ser o autor de uma pequena obra sobre a Bacon-Shakespeare Controversy (*Die Rawley'sche Sammlung von zweiunddreissig Trauergedichten auf Francis Bacon. Ein Zeugniss zu Gusten Bacon-Shakespeare-Theorie mit einem Vorwort herausgegeben von Georg Cantor*, Halle, Niemeyer, 1897).

♦ 123 ♦

latanismo, e na época do suposto ataque ele já morrera havia dez anos e não se via por que devia ser atacado.[5]

O debate poderia continuar longamente, se não levarmos em consideração pelo menos três fatores. Antes de mais nada, o tom irônico e satírico que domina a maior parte das obras de Andreae: pode-se ter sido influenciado por um autor e ainda assim entrever-lhe os excessos, e o uso excessivo que outros fazem dele, daí o ataque, quase sob a forma de *in-joke*. Em segundo lugar, o fato de que a certa altura Andreae deve demonstrar a todos que não é o autor dos manifestos rosacrucianistas, e em todo caso que não esperava que eles fossem usados por bandos de alquimistas e aventureiros do oculto; por isso acentua as reservas que no entanto já estavam contidas na *Confessio*, como para dizer que — sim — Khunrath lhe fornecera imagens e metáforas para o seu *Casamento químico*, mas que ele não estava disposto a subscrever a teosofia ultravioleta de Khunrath. Por fim, Andreae fala bem de Khunrath em geral, e depois lança suas farpas contra o *Amphitheatrum*. Por quê? Talvez por não saber se este é autêntico.

As edições do Amphitheatrum

Quando lhe falam de uma cópia do *Amphitheatrum*, a primeira coisa que o colecionador pergunta é se ela traz a estampa com a coruja ou o petrel-gigante, ou seja lá como se chame. A segunda é se aparece a estampa com os inimigos.

---

[5]Neste gênero de literatura, convém distinguir entre devotos do hermetismo, sempre desmazelados e não confiáveis, com tendência a falsificar as fontes ou a errar as citações (só os mencionarei por dever de crônica sensacionalista), e estudiosos sérios. Waite é um devoto rosacrucianista, mas ainda é o mais prudente e o menos crédulo de todos.

A MEMÓRIA VEGETAL

De fato, Guaita (1899) havia começado a advertir que "le plus grand nombre des exemplaires de l'*Amphitheatrum* n'ont que 4 ou 5 de ces gravures; et la planche qui représente K. entouré de ses ennemis (deguisés en oiseaux bridés et en insectes d'enfer) — cette planche étonnante qui est un véritable Callot par anticipation — manque dans presque tous les exemplaires signalés. Il en est de même pour les 2 tableaux synoptiques de Kabbale synthétisée ...".[6] Mais ou menos, aliás, o que diz Ferguson (I, p. 463).

A óbvia pergunta que deveríamos nos fazer é: a coruja e a estampa dos inimigos já constavam da primeira edição? De fato, há quem sugira que a coruja veio depois, e, quanto à estampa dos inimigos, ela é nitidamente diferente das outras quatro estampas retangulares. Estas são semeadas de legendas e cártulas na maioria em latim; aquela, de legendas e cártulas geralmente em alemão; aquela é dominada por figuras humanas e antropomorfas e pode evocar Callot; estas, por estruturas arquitetônicas e paisagens. Então, o que havia na primeira edição?

Lamentavelmente, os problemas começam quando se tenta determinar qual foi a primeira edição. Se quisermos encontrar listas de edições, só precisamos escolher. Lenglet du Fresnoy citava Magdeburgo 1608, Hamburgo 1611 e Frankfurt 1653 (ignorando Hanau). Ferguson (I, p. 463) só descreve Hanau 1609, mas lista como "reported" Praga 1598, Magdeburgo 1602, Hanau 1604, Magdeburgo 1606, Frankfurt 1608, Leipzig 1608, Lübeck

---

[6]Cf. o catálogo Guaita e S. de Guaita, *Essais de sciences maudites, I. Au seuil du mystère*, Paris, 1890, pp. 57-59, 99-147.

1608, Magdeburgo 1608, Hamburgo 1611, 1648, 1651, Hanau 1653, Frankfurt 1653, Hamburgo 1710; contudo, sensatamente, admite que possa tratar-se de edições falsas e, na esteira de De Bure (*Bibliographie Instructive*, ii, p. 248), sugere que Hanau 1609 é a verdadeira primeira edição.

Como podem ter nascido as vociferações, isso se percebe folheando Hanau 1609. Esta mostra no frontispício o ano de 1602 e, no colofão, o de 1609. E não para por aí. O privilégio é datado de 1598 (p. 2), ao passo que na p. 8 aparece uma invocação a Jeová que termina com "anno Masiach 1604". Para complicar as coisas, as estampas retangulares, que muitos julgam bastante posteriores, trazem a data de 1602, enquanto as circulares, que como veremos deviam existir desde 1595, não têm data. O Epílogo traz a data de 1602.

Khunrath morre em 1605. Em 1609 o discípulo Erasmus Wolfart publica a obra por legado do autor, assegurando tê-la completado com uma pequena parte inacabada "sed non magna" (p. 10). Confrontando-a, como faremos, com a edição 1595, somos induzidos a dar-lhe crédito. Do texto de Wolfart depreende-se que a edição 1609 deve ser a primeira que vem à luz sob essa forma completa. Mas quando foi gravado o frontispício, com seu 1602?

A 1602 fantasma

Essa simples data (diz Hall) induz Brunet (iii, p. 658) a afirmar que as dez figuras da obra teriam aparecido separadamente desde 1602, com um frontispício sem data, o privilégio e o retrato do autor. Também Graesse (iv, p. 15) diz que uma primeira

A MEMÓRIA VEGETAL

edição somente das estampas (mas quais?), sem data e sem editor, teria saído em 1602-1605.[7] À parte o fato de que não se vê por que, sendo o frontispício 1602 sem data, o de 1609 deva trazer gravado 1602, há um outro indício que desencoraja essa hipótese. Uma errata da ed. 1609 (p. 123) avisa ao leitor que, por engano, no fim de cada Gradus indica-se onde inserir nada menos que sete figuras, ao passo que essas figuras não existem. "Sed Amphitheatrum ipsum constat figuris, & suas habet Introductiones." Ora, existem quatro Isagoges finais que claramente comentam só as estampas duplas circulares. Nenhuma menção às estampas retangulares, para não falar da coruja. Isso induziu alguns a pensar que estas últimas foram introduzidas depois, pelos encadernadores.[8]

Mellon (1968), não tendo jamais encontrado cópia da edição 1602, sustenta que se tratou de uma cópia mutilada da 1609 que circulou com as estampas retangulares, datadas justamente de 1602. Mas então a 1602 não seria sem data, como querem Brunet e Graesse, a menos que houvesse um outro frontispício. Nesse caso teríamos uma edição 1602 sem data e uma edição 1609 com frontispício datado de 1602, o que francamente parece demasiado romanesco. Há quem afirme ter visto uma 1602. A *Bibliotheca Magica Pneumatica* de Rosenthal registra (item 481) um in-fólio dessa data no qual faltariam os ff. preliminares 3-6 e

---

[7]Graesse cita *Adelung. Gesch. d. menschl. Narrheit t.V.* p. 95 sg., Baumgarten, Hall Bibl. t. VII, p. 411 sg., e Ebert (*Allg. Bibliogr. Lexicon*, 11368).

[8]Por outro lado, permanece misteriosa a causa do erro (e da errata): em que pensava o editor, imaginando ter de inserir sete figuras, quando as figuras ou são quatro (circulares) ou cinco (retangulares) ou, juntas, nove, em vez de dez, se fosse calculada também a coruja, ou oito, se faltassem tanto a estampa dos inimigos quanto a da coruja? Em suma, como quer que se calcule, não se chega a sete.

♦ 127 ♦

as pp. 147-150. Mas salta aos olhos que aqui estamos lidando com o erro de numeração que caracteriza as Hanau 1609. A falta de credibilidade da colação deve-se também ao fato de que nela se citam um último fólio com o *impressum* (sem especificar a data) e um segundo título (?). O catálogo Gilhofer 133 (*Alchemie und Chemie*, 1984, item 213), enquanto registra uma Hanau completa, no que se refere à 1602 recolhe a informação de Ebert, mas não traz outras provas.

Em 1898 Chacornac publica uma tradução francesa dessa obra, feita por Grillot de Givry, e a reapresenta em 1900 com um comentário de Papus e Marc Haven.[9]

Papus e Haven asseguram que existe uma edição de 1602 ("inconnue de Fictuld") com o texto alemão, frontispício e somente as quatro estampas circulares, gravadas por van der Doort sob a direção de Khunrath. O petrel-gigante teria sido acrescido posteriormente. Haveria depois uma primeira edição latina de Magdeburgo 1608, a Hanau 1609 e a Hamburgo 1611 com as mesmas imagens. Em 1619 Wolfart teria publicado a primeira edição com doze estampas, acrescentando o retrato e as cinco estampas retangulares. Seriam imagens que talvez existissem nos manuscritos de Khunrath, mas em todo caso só acrescidas depois de sua morte.

Essas informações não são sustentadas pela mínima prova, ao contrário: as provas à disposição as desmentem. Papus e Haven evidentemente erram ao dizer que as estampas retangulares só aparecem em 1619, porque todas as cópias descritas pelos catá-

---

[9]Mas Grillot de Givry (em *Le Musée des Sorciers*, Paris, Librairie de France, 1929, p. 223) diz tê-la feito em 1899. A edição Chacornac 1900 segue a disposição tipográfica da edição 1609, e reproduz todas as estampas gravadas. A edição está agora em anástase, Milão, Arché, Col. Sebastiani, 1975.

A MEMÓRIA VEGETAL

logos identificam as estampas inclusive na edição Hanau 1609 (cf., para a mesma objeção, também Dorbon e Van Lennep). À página i/6, dentro da citada invocação datada de 1604, Khunrath apresenta seu Anfiteatro como "recens revisum ... instructum quattuor circularibus, aliisque hieroglyphicis figuris, in aes affabre scalptis". Por conseguinte, se não cinco, algumas estampas retangulares existem desde aquela data.

Como foi que a Papus e Haven fugiu essa frase, contida na edição Hanau que eles reproduzem? Não é simplesmente o caso em que dois conhecidos ocultistas demonstram afabular livremente. Eles reconhecem que os quatro comentários (ou Isagoges) postos no fim do livro comentam apenas as figuras circulares, mas acrescentam que tais comentários só aparecem na edição 1653, sem se darem conta de tê-los sob os olhos, na edição Hanau de que dispunham (da p. 185 à p. 214). Mas talvez não tenham realmente visto a Hanau, e tenham publicado a tradução de Grillot de Givry sem sequer lê-la.[10]

Hamburgo 1595

O fato é que o 1602 do frontispício não retrodata suficientemente a primeira fantasmática edição do nosso livro. Thorndike (VII, p. 272 sgg.[11]) diz que um "brief preliminary sketch or draught" da obra é publicado em Hamburgo 1595. Dez anos antes de

---

[10]Quanto à de Givry, este apronta outra, embora mais desculpável. De fato, Secret 1985 (p. 250) demonstra que Khunrath, à p. 2/6, cita versos de Olearius enviados a Elhanan ben Menahem, conhecido como Paulo de Praga, e Givry traduz "Quelques vers que le très illustre Jean Olearius... a écrit à Prague sur Saint Paul".

[11]Citando de Maggs, *Catalogue of Strange Books and Curious Titles*, 1932, item 91.

Thorndike, Duveen se empenhara nessa tese. Em "Notes on some alchemical books", depois de ter reconhecido sensatamente que "much confusion seems to exist as to the number of editions actually issued and as to which was the first", assegurava ter visto a edição in-fólio oblongo de 1595: (1) 24 (1) e só quatro estampas. Evidentemente, em seguida ele conseguiu obter uma cópia, que hoje pertence à coleção Duveen da universidade de Wisconsin e que é descrita no catálogo Duveen. Da edição 1595 só se conhece uma outra cópia, conservada na Universitätsbibliothek de Basileia, cujo microfilme tenho à minha frente.[12] Nem mesmo Duveen tem a coragem de reproduzir por inteiro o frontispício dela, bem mais verboso que o da Hanau 1609; em todo caso, quem quiser conhecê-lo pode olhar a estampa X do catálogo Duveen.

O in-fólio oblongo de Basileia corresponde substancialmente à descrição da cópia Duveen, exceto por dois detalhes. As páginas de texto são 25 e não 24 — como diz Duveen — e entre as ilustrações aparece um fólio com duas gravuras circulares que representam o Mundus Archetypus e o Mundus Intelligentiarum; já que não é identificável nelas nenhuma analogia estilística com as quatro estampas circulares, eu tenderia a pensar que foram inseridas por arbítrio do encadernador. De fato, nos *omissis* do frontispício há uma indicação explícita de quatro (e não mais) estampas gravadas.

Como diz também Duveen, apesar do número inferior de páginas, a 1595 corresponde substancialmente à 1609. O Prologos traz em forma sinóptica as versões antiga e moderna dos textos bíblicos, embora o número e a ordem dos versículos sejam diferentes (a 1595 é mais sucinta). De igual modo, as notas que

---

[12]A propósito, agradeço ao dr. Frank Hyeronimus por sua colaboração.

Hanau, 1609. *Estampa do Rebis*.

Hanau, 1609. *Estampa do Laboratório*.

Hanau, 1609. *Estampa do Cristo.*

Hanau, 1609. *Estampa do Adão Andrógino.*

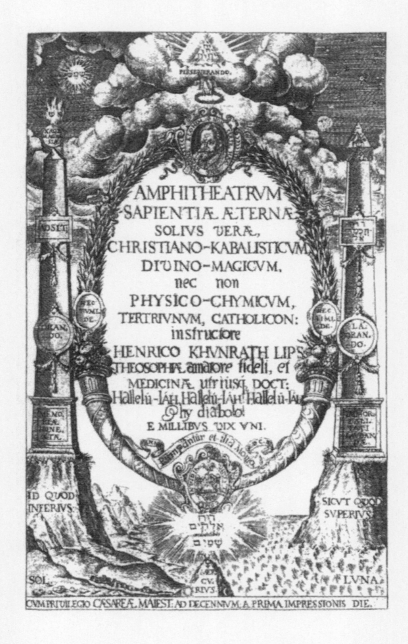

Hamburgo, 1595. *Frontispício*.

A MEMÓRIA VEGETAL

circundam os textos bíblicos correspondem (de novo, em forma mais sucinta, porém substancialmente análoga) aos textos que na 1609 ocupam as muitas páginas dos sete Gradus explicativos.

À p. 24 aparece um "Addo" que corresponde em substância ao texto das pp. 82-83 da 1609, exceto pelo fato de que, na segunda edição, há uma invocação final. Igualmente, à p. 25 o Epílogo corresponde mais ou menos ao da 1609 mas está datado de 1602. A esta altura, já não nos espantamos com esta última bizarria: é provável que, depois de uma primeira versão 1595, Khunrath tenha preparado uma segunda versão do Epílogo já em 1602.

As quatro estampas circulares são as mesmas da Hanau, com uma diferença. Dado o formato maior da edição 1595, as gravuras são — em relação à edição Hanau — ulteriormente circundadas por uma ampla faixa de texto gravado. A assinatura com a data está gravada na borda da circunferência externa. Na edição Hanau, eliminado o círculo externo, evidentemente também eliminou-se a assinatura, que foi regravada ao longo da circunferência menor, mas sem a data.

O exame das estampas de 1595 também permite resolver um outro problema. Na Hanau 1609, depois dos sete Gradus de comentário aos versículos bíblicos, aparecem quatro Isagoges que comentam as estampas circulares, e muitos desses comentários mostram-se tão obscuros que dificultam a referência à estampa em questão. Basta fazer um cotejo com a primeira Isagoge.

Esta se compõe de uma série de versículos, primeiro em hebraico e depois em latim, que dizem por exemplo "Qui Erat; Qui Est; Qui Erit; Pleni Sunt Celi, Plena Est Omnis Terra, Majestatis Gloriae Eius." Ou então: "Lavamini. Mundi Estote." Quem conjecturasse (com boa razão) que essas explicações se referem à estampa dita do Cristo só poderia trabalhar à luz do bom senso, porque a gravura do Cristo não apresenta textos comparáveis com os da Isagoge correspondente. Se, ao contrário, vai-se ver a gravura de 1595, descobre-se que os textos reproduzidos na primeira Isagoge 1609 são exatamente aqueles escritos no círculo externo, depois eliminado, da figura 1595. E assim acontece nos outros três casos. Os textos impressos das quatro Isagoges 1609 são aqueles que na 1595 aparecem gravados no círculo externo das figuras — ou pelo menos são substancialmente os mesmos, exceto por diferenças menores.

Portanto, o editor da Hanau 1609, provavelmente Wolfart, tendo precisado eliminar por razões técnicas os círculos externos das figuras da 1595, imprimiu esses mesmos textos ao longo do volume sob a forma das quatro Isagoges.

Outras edições-fantasma

Se a 1595 é seguramente a primeira edição parcial, e a existência da 1602 é duvidosa, o que dizer de outras edições-fantasma?

Um primeiro fantasma aparece no catálogo de Jouin e Descreux (1930). Esse catálogo não só é editado sob os auspícios de uma misteriosa revista que nos anos 1930 promoveu campanhas antissemitas e antimaçônicas, como também descreve uma coleção A. Peeters Baertsoen que se dispersou subsequentemente. E aqui aparece um *Amphytheatrum sapientiae cum tabulis*, Praga 1598. O título faria pensar numa antecipação do gênero da 1595, mas a descrição do catálogo deixa supor que se trata nem mais nem menos de uma Hanau 1609, devidamente mascarada.

♦ 140 ♦

A MEMÓRIA VEGETAL

A conjectura é sustentada pelo que se pode afirmar de outras duas edições-fantasma, a Magdeburgo 1608 (que Waite, e outros com ele, mencionam mas dizem jamais ter visto) e a registrada no catálogo impresso da BN de Paris como s.l., 1605. Entre muitas edições-fantasma, estas são as menos fantasmas de todas, porque pelo menos existem como objetos identificáveis.

Da Praga 1608 eu conheço pelo menos duas cópias. Uma está na *Bibliotheca Philosophica Hermetica* de Amsterdã e outra na Trivulziana (mas esta última cópia só tem o frontispício e nenhuma estampa).

Ora, quando se abre a edição 1608 encontra-se um frontispício novo, que traz o mesmo título daquele de 1602, salvo que, depois de *E millibus uni*, diz: "Accessit, Jam noviter, diu desiderata Explicatio Singvlaris, ejusdem Autoris P.M. qua Novem tabulae in aes incisae dilucide explicantur, & ita tractantur ut singulis diebus, una saltem periodo observata, totum opus Amphitheatri unis anni spacio absolvi, & memoriter infigi possit." Segue-se a indicação do editor-livreiro: *Magdaeburgi Apud Levinum Brauns Bibliopolam in aureo cornu venale exponitur, Anno MDCVIII*. Depois dessa página, o resto da obra, até o colofão inclusive, é simplesmente a edição Hanau 1609, incluídos os já citados erros de numeração e as duas tabelas.

Sem sombra de dúvida — e BPH concorda —, Magdeburgo 1608 é um livro impresso em Hanau em 1609 ao qual Levinus Brauns apôs um frontispício datado de 1608. O Acessit do frontispício, contra qualquer delírio de Papus e Haven, esclarece que as estampas já são nove desde a impressão de Hanau.

O mesmo se pode dizer da 1605 da BN de Paris. Registrada como 1605 no catálogo impresso (no qual, sabe-se lá por quê,

♦ 141 ♦

afirma-se que a data é inferida do título gravado), ela reaparece no catálogo manuscrito, consultável na própria biblioteca, como impressa em 1601. Trata-se de um duplo erro de catalogação, que remonta a sabe Deus quando, visto que a cópia foi adquirida no século XVIII. Na realidade, estamos novamente diante de uma Hanau 1609, mutilada do colofão (e desprovida da coruja). Desnecessário dizer que os erros de numeração das páginas são os mesmos da Hanau 1609, e o frontispício, como sempre, é aquele de 1602.

De igual modo, a Frankfurt, *apud* Tobiam Gundermannum, 1653, é mais uma vez a Hanau 1609 com um novo frontispício (ver Graesse, Dorbon, Rosenthal).[13]

Afabulações

Por que não podemos confiar nas outras sinalizações? Porque, repito, mesmo onde a reconstituição não era assim tão difícil, ao menos após Duveen, sempre que alguém fala do *Amphitheatrum* enreda-se em imprecisões dramáticas.

Já vimos o que Papus e Haven aprontaram. Antes deles, Eliphas Levi, em sua *Histoire de la Magie*, de 1860, já dava uma bela demonstração de desenvoltura. Em pouco menos de duas páginas, consegue dizer que Khunrath nasceu em 1502, que a obra é de 1598 e que o texto comenta "os oráculos de Salomão". Considerando que Levi havia estudado em seminário e colabo-

---

[13]Em 2004, finalmente vi uma cópia dessa edição na Libreria Malavasi de Milão. Em tudo e por tudo, ela é semelhante à Hanau 1609 (embora não tenha a estampa com o petrel-gigante) e informa no colofão: "Hanoviae, excudebat Guilielmus Antonius, MDCIX".

♦ 142 ♦

A MEMÓRIA VEGETAL

rado com Migne, é curioso que não consiga reconhecer os Provérbios e o Livro da Sabedoria, até porque o texto os menciona continuamente. Pela descrição que Levi dá do livro, parece indubitável que o tenha visto. Mas a descrição das nove estampas é tão fantasiosa que fica difícil reconhecê-las. Em 1913 Waite traduz a história de Levi para o inglês,[14] munindo-a de notas críticas, e destaca todos os erros dele. Propõe, até com jactância, uma ordem diferente para as estampas, e acusa Levi de ter descrito a Porta como iluminada por sete raios, ao passo que os raios — diz Waite — são três. No entanto, pelo menos desta vez Levi tinha razão, os raios são sete, e grandes como janelas. Waite havia realmente visto o livro? Talvez sim, mas citava de memória.

Vejamos agora um autor que escreveu uma história da alquimia muito rica de informações, e cheia de observações sensatíssimas: Van Lennep (1985). À p. 170, ele nos diz que "além do frontispício a obra compreende dez ilustrações", lista as estampas retangulares e circulares e a coruja, mas não menciona o retrato. Então acrescenta que "Duveen descreveu com precisão um exemplar hoje desaparecido". Não somente não desapareceu, como também — segundo já vimos — existem dois (em todo caso, levado à suspeita por essa anotação, escrevi à biblioteca da universidade de Wisconsin e recebi uma carta do curador, o qual me assegura que o exemplar existe e está em boa saúde). Das estampas da Hamburgo 1595, diz que, "como para a edição 1609, eram assinadas por Paul van der Doort de Antuérpia ... 1595". Só que, na Hanau, as estampas não são datadas. Sempre sobre as estampas circulares, afirma que "o editor Wolfart assegura que

---

[14] *The History of Magic*, Filadélfia, McKay, 1913.

♦ 143 ♦

jamais tinham sido publicadas antes de 1609". Basta ir ler o prefácio de Wolfart, que é de duas páginas, inclusive na edição Chacornac, e vê-se que ele não diz nada disso. À p. 167, Van Lennep dá o *Judicium* de Arndt como publicado em 1747 em *Chymischen Lust-Gärtlein*, embora saibamos que esse texto aparece em 1608.[15] À p. 168, traduz Hanau ("Hanovia", em latim) como Hanôver (Hannover), erro, aliás, comum aos autores franceses, ver Gorceix 1970 (p. xix). Por fim, recolhe as vociferações de um certo Wittemans,[16] segundo o qual Spinoza teria feito aparecerem em Hamburgo algumas obras suas sob o nome de Khunrath. Além de inacreditável, a notícia nasce de um quiproquó que já foi desmontado por Paul Arnold (p. 307), e precisamente referindo-se a Wittemans: em 1670 Spinoza publica anônimo o seu *Tractatus Theologico-Politicus*, em Hamburgo, "apud Heinricum Khünraht". Simplicíssimo: trata-se do nome do editor. Wittemans, para inscrever Proust na tradição hermética, estaria disposto a dizer que ele publicava sob o nome de Mercure de France, obviamente Trismegisto.

Serge Hutin[17] fala das "doze célebres estampas postas no fim do livro". Deve ter visto só a reedição Chacornac, porque não me consta que as estampas sejam encadernadas no fim em nenhuma cópia, e em todo caso pelo menos o retrato e o frontispício

---

[15] A informação deriva provavelmente de Ferguson, que de fato cita apenas essa edição.

[16] *Histoire de Rose-Croix*, Paris, 1979 (mas a primeira edição é Paris, Aydar, 1925, cf. p. 59-60). Sobre a lucidez deste autor, veja-se Edighofer, 1982 (p. 210): "Wittemans ... reproche à Andreae d'avoir volontairement sabordé la future Franc-Maçonnerie, d'avoir porté un coup mortel à l'enfant spirituel qu'il avait le plus aidé à voir le jour".

[17] *Histoire des Rose-Croix*, Paris, Le Courrier du Livre, 1971, p. 34.

A MEMÓRIA VEGETAL

deveriam estar no início (em Chacornac, ao contrário, aparecem todas no fim).

A devoção embota inclusive o senso bibliográfico. O catálogo Hall (1986, e Manly Hall é autor de muitos livros herméticos, um até de "anatomia oculta"), por exemplo, dá saltos mortais para não dizer que, com toda a probabilidade, sua cópia do *Amphitheatrum* é desprovida de coruja. O Dorbon deriva de Caillet e de Guaita, mas de modo desatento. Sua ficha da Hanau 1609 é correta, mas os problemas começam quando ele passa a descrever as várias edições Chacornac. À parte a ingenuidade do comentário ("tout porte à faire croire qu'il possédait la Pierre Philosophale"), afirma que a segunda parte da edição 1898-1900 "contém em página dupla as doze estampas extraordinárias que parecem saídas da imaginação de Callot", quando já se sabe que em página dupla só há nove estampas, e que aquela comparada a Callot é só uma.

Em *A Christian Rosenkreutz Anthology*[18] reproduzem-se *onze* estampas da edição Hanau, anunciando pomposamente que estão sendo publicadas como série completa pela primeira vez, desde sua primeira aparição em 1609, segundo a cópia já pertencida à biblioteca de Isaac Myer, "eminent american authority on the Cabala". É falso que as estampas tenham aparecido pela primeira vez em 1609, é falso que nunca tivessem sido republicadas, é falso que sejam só onze. De fato está ausente a coruja, que aparece à parte, mas desde a edição 1616 do *Von hylealischen ... Chaos*, sempre de Khunrath. Portanto, a eminente autoridade em Ca-

---

[18]Ed. by Paul Allen, Rudolf Steiner Publications, Blauvelt, Nova York, 1968, pp. 329 sgg.

UMBERTO ECO

bala possuía uma cópia incompleta. A *Annotated Bibliography* que vem à p. 483 crê de novo que o comentário de Arndt aparece pela primeira vez em 1747,[19] cita — evidentemente, de segunda mão — a *Mythologia Christiana* de Andreae para dizer que ela contém apreciações a respeito de Arndt (apreciador de Khunrath), mas sobrevoa o fato de que, como vimos, traz um feroz ataque a Khunrath.

Certezas e conjecturas

A esta altura, nossa investigação chega a algumas certezas. Existe uma edição 1595, provavelmente impressa em Hamburgo, que consiste em vinte e cinco páginas de texto e quatro estampas circulares. Dessa edição conhecem-se duas cópias.

Não há provas da existência de uma edição 1602, mas, se as houvesse, ela poderia ser uma coletânea como a de 1595, acrescida de quatro estampas retangulares e com um novo frontispício. Se tivesse existido, teria um epílogo datado de 1602. Resulta que à sua morte Khunrath havia concluído o texto definitivo, e o máximo que sabemos é que em 1604 ele termina a invocação inicial.

Todas as outras edições citadas aqui e ali são, até prova em contrário, contrafações da edição Hanau.

Aliás, uma confirmação definitiva da relação direta entre edição 1595 e edição 1609, sem outras edições intermediárias, vem do breve texto que Figulus incluiu no rodapé da edição do *De igne magorum* (1608, p. 125), depois do *Judicium* sobre o

---

[19]Ver nota 15.

♦ 146 ♦

A MEMÓRIA VEGETAL

Amphitheatrum atribuído a Arndt. O que diz Figulus? Que lhe parecera útil publicar esse parecer sobre o *Amphitheatrum* porque a obra só havia saído em edição muito limitada, destinada a poucos eleitos, e que por isso, até aquele momento (1608), a maioria não tinha podido tomar conhecimento dela; mas que, por sorte, já estava sendo impressa (*sub praelo*) uma edição mais acessível e menos cara, com muitas estampas a mais. Evidentemente, ele falava, em 1608, da Hanau 1609, *à paraître*, só que a citava como "*Hanoviae* bey Frankfurt", e francamente não compreendo o que pretendia dizer. Em todo caso, a indicação me parece clara: só depois de 1608 o leitor poderá ter nas mãos uma edição mais acessível que a de 1595.

A edição Hanau 1609 é, portanto, a primeira edição da obra completa em todas as suas partes, feita depois da morte do autor, e compreende as estampas retangulares que provavelmente haviam sido executadas a pedido do próprio Khunrath com vistas a uma edição 1602, que ele tinha começado a mandar imprimir, sem no entanto poder terminá-la.

Tentemos reconstituir romanescamente a história. O bom Khunrath quer coroar sua carreira com o *Amphitheatrum*. Em 1595 manda executar as estampas circulares, e publica-as com o acréscimo de um primeiro comentário. Depois retoma o trabalho. Segue com tanto ânimo que em 1598 se sente quase pronto e se assegura o privilégio imperial. Antes que 1602 termine, reescreve e data o Epílogo para ganhar tempo, e, como o tempo urge, manda executar o frontispício. Talvez, nesse período, dê instruções para a execução das estampas retangulares. E, em 1605, morre.

♦ 147 ♦

UMBERTO ECO

Entra em cena Wolfart, agora dono da bola, que põe Guilherme Antônio para trabalhar. Este começa a imprimir e acaba em 1609, data do colofão e da introdução de Wolfart. Nesse ponto, acontece alguma coisa.

Primeira hipótese: Guilherme Antônio encaderna sua edição com todas as estampas e coloca o frontispício de 1602, que já existe, é bonito, e além disso garante uma autenticidade khunrathiana; talvez também pretenda inserir novas estampas e imprime as instruções para colocar sete no pé de cada Gradus; depois Wolfart percebe a tentativa de alteração, briga com Antônio e o obriga a colocar a errata, no último minuto.

Enquanto isso, está à espreita na sombra o diabólico livreiro de Magdeburgo, que havia um ano mordia o freio, já mandara imprimir seu frontispício 1608 e tinha reservado junto a Antônio um certo número de cópias. Chegam-lhe as cópias Hanau, ele lhes acrescenta seu frontispício antedatado e as põe em circulação. Não esqueçamos que o privilégio imperial vale por dez anos a partir da data de impressão (que é 1609). Quem põe em circulação as cópias datadas de 1608 talvez esteja tentando rusticamente eludir a lei, confiando em que os conferentes examinem o frontispício mas não o colofão.[20]

Segunda hipótese: Brauns é o verdadeiro comitente, e o espertalhão é algum outro, que usa cópias Hanau pondo-as em circulação com o frontispício 1602, arranjado sabe-se lá onde,

---

[20]Hipótese: o número das estampas impressas é inferior às cópias do texto, e Brauns, com grande desenvoltura, põe à venda cópias sem estampas. Isso explicaria a cópia de 1608 conservada na Trivulziana, que justamente está sem estampas.

♦ 148 ♦

A MEMÓRIA VEGETAL

ou adquirido em fólios preparados há bastante tempo, junto com as estampas.

Talvez Khunrath pressentisse que as coisas aconteceriam como aconteceram. Preocupadíssimo, no frontispício 1595 confiava, se não no privilégio imperial, no divino: "Cum gratia et privilegio SSe tremendaque Maiestatis Divinae, ad perpetuum: Non Furtum Facias".

Ninguém lhe deu ouvidos, nem mesmo Deus.

A ordem das estampas

Seja como for, está claro que as estampas já circulavam antes de 1609. Isso explicaria um outro problema com o qual me deparei. Das várias cópias citadas, nenhuma encaderna as estampas na mesma ordem. Até o retrato funciona em certos casos como anterrosto, e em outros vem depois do frontispício.

Estabeleçamos indicar as estampas como a seguir: F (Frontispício), K (retrato de K.), G (Adumbratio Gymnasii), D (Designatio Pyramidum), H (Hypothiposis Arcis), P (Porta Amphitheatri), N (inimigos*), C (Cristo), R (Rebis), A (Adão andrógino), L (laboratório), O (petrel-gigante). Vejamos agora em que ordem elas aparecem nas seguintes cópias: Eco, Casanatense, Bolonha, Trivulziana, Ambrosiana, Bibliothèque Nationale de Paris (pseudo-1605), Sorbonne, Matton, Bailly 1 e Bailly 2, além das cópias descritas nos catálogos ou nas obras históricas de Guaita, Myer, Levi, Waite, Van Lennep, Chacornac (no caso das cópias conferidas diretamente, a ausência de uma estampa significa efetiva falta, ao passo que, no

---

Nemici, em italiano. Adiante, O: de *ossifraga*, petrel-gigante. (*N. da T.*)

♦ 149 ♦

UMBERTO ECO

caso das cópias descritas, permanece a dúvida sobre se houve uma falta não denunciada explicitamente ou uma colação imperfeita).[21]

Disso resulta o seguinte esquema:

	1	2	3	4	5	6	7	8	9	10	11	12
Eco	F	K	G	D	H	P	N	C	A	R	L	O
Casanatense	F	K	D	H	P	R	—	A	C	L	G	O
Bolonha	F	K	G	D	P	C	A	R	L	N	H	—
Trivulziana	K	F	G	D	P	H	—	C	A	R	L	O
Ambrosiana	F	K	P	C	A	G	H	R	L	D	N	O
BN Paris	F	K	N	L	R	A	C	P	H	D	G	—
Guaita	F	K	O	R	L	A	C	P	H	G	D	N
Myer	K	F	P	L	G	H	D	N	R	A	C	—
Levi	—	—	D	A	G	P	C	L	H	R	N	—
Waite	—	—	L	G	A	D	P	C	H	R	N	—
Van Lennep	K	F	O	P	G	H	D	N	C	A	R	L
Chacornac	F	K	D	G	P	H	C	A	R	O	L	N
Matton	F	K	H	D	P	G	A	L	R	C	N	O
Bailly 1	F	O	K	L	C	A	R	N	H	P	G	D
Bailly 2	F	K	H	L	A	R	C	N	P	D	G	—
Sorbonne	F	K	G	D	H	P	A	C	R	L	O	N

---

[21]Nas primeiras versões deste texto não eram citadas quatro cópias (Sorbonne, Matton, Bailly 1 e Bailly 2), que foram colacionadas por Jean-Claude Bailly, curador da versão francesa (*L'énigme de la Hanau 1609*, J.-C. Bailly Éditeur, Paris, 1990). O exemplar descrito no catálogo da coleção Verginelli Rota parece corresponder ao descrito por Guaita. Hall cita "three engraved charts in text", mas trata-se evidentemente de um erro. A Biblioteca Universitária de Bolonha possui também, catalogada como cópia do *Amph.* (A v L III 27), um atlântico no qual as dez estampas, sem frontispício nem retrato, foram montadas junto com outros *excerpta* de Fludd e de outras obras alquímicas e cabalísticas. Na edição francesa do meu texto, Bailly cita em nota uma tiragem da primeira estampa dobrada, com o mesmo texto, mas composto diferentemente, que traz *in recto* o privilégio de Rodolfo II, datado de 1598.

♦ 150 ♦

A MEMÓRIA VEGETAL

O teste me parece suficiente para estabelecer que, por causa da obscuridade do texto, cujas referências às estampas são muito vagas, estas eram encadernadas como vinham, ou segundo a preferência do comitente. Visto que as estampas tinham sido publicadas e postas em circulação antes, os vários encadernadores inseriam somente as disponíveis.

Em consequência, toda cópia da Hanau 1609 é uma cópia compósita, e parece-me impossível estabelecer se existiu uma cópia-tipo. Mesmo assumindo que tenha existido (e deve ter existido) a primeira cópia saída das prensas de Guilherme Antônio, e que ela tenha sido imediatamente encadernada *in loco*, nada nos diz que a ordem das estampas fosse aquela pensada por Khunrath e desejada por Wolfart.

Por outro lado, o que pretender? Em 1º de fevereiro de 1625 a obra foi condenada pela Sorbonne como "cheia de impiedade, erros e heresias, e de uma contínua e sacrílega profanação das passagens das Sagradas Escrituras", capaz de levar seus leitores à prática de artes secretas e criminosas.[22] Isso explica as vicissitudes das várias edições e das próprias cópias individuais, que provavelmente sobreviveram a muito custo.

---

[22] Argentré, *Collectio judiciorum de novis erroribus*, II, ii, 162, citado também com data errada por Mersenne, *Correspondance* II; cf. Thorndike VII, 275.

♦ 151 ♦

UMBERTO ECO

BIBLIOGRAFIA

J.V. ANDREAE, *Mythologiae christianae, sive virtutum et vitiorum vitae humanae, imaginum libri III*, Estrasburgo, Zetzner, 1619.

J.V. ANDREAE, *Chymische Hochzeit Christiani Rosencreutz*, Estrasburgo, Zetzner, 1616.

J. ARNDT, *Iudicium Philosophi Anonimi Ueber die 4 Figuren dess grossen Amphitheatri D. Heinrici Khunradi* (em apêndice a Khunrath, *De igne magorum et philosophorum*).

P. ARNOLD, *Histoire des Rose-Croix et les origines de la Franc-Maçonnerie*, Paris, Mercure, 1955. (Tr. it., *Storia dei Rosa-Croce*, Milão, Bompiani, 1989).

Bibliotheca Magica. Dalle opere a stampa della Biblioteca Casanatense, Florença, Olschki, 1900.

BPH, *J. V. Andreae. Die Manifeste der Rosenkreuzerbruderschaft*, Amsterdã, Bibliotheca Philosophica Hermetica, 1986.

J.-C. BRUNET, *Manuel du libraire et de l'amateur de livres*, 2^a ed., Paris, Maisonneuve, 1809.

A.L. CAILLET, *Manuel bibliographique des Sciences Psychiques et Occultes*, Paris, Dorbon, 1912.

CARBONARIUS (?), *Beytrag zur Geschichte de höhern Chemie*, Leipzig, Hilscher, 1785.

G.F. DE BURE, *Bibliographie instructive*, Paris, G.F. De Bure, 1763.

DORBON, *Bibliotheca Esoterica*, Paris, Dorbon-Ainé, s.d.

D. DUVEEN, *Bibliotheca Alchemica et Chemica*, 2^a ed., Londres, Dawson, 1965.

D. DUVEEN, "Notes on some alchemical books", *The Library*, Fifth Series, I, p. 56, 1946.

R. EDIGHOFFER, *Rose-Croix et société idéale selon Johann Valentin Andreae*, 2 vol., Neuilly-sur-Seine, Arma Artis, 1982.

R.J.W. EVANS, *Rudolf II And His World. A Study in Intellectual History* (1576-1612), Oxford, Clarendon, 1973.

Fama e Confessio, Kassel, Wessel, 1615.

◆ 152 ◆

A MEMÓRIA VEGETAL

J. FERGUSON, *Bibliotheca Chemica*, Glasgow, Maclehose, 1906.

H. FICTULD, *Probier-Sten*, Frankfurt und Leipzig, Bey Veraci Orientali Warheit und Ernst Lugenfeind, 1753.

P.J. FRENCH, *John Dee. The World of an Elizabethan Magus*, Londres, Routledge, 1972.

GILHOFER, *Alchemie und Chemie*. Katalog 133, Viena, Gilhofer, 1983.

B. GORCEIX, *La Bible des Rose-Croix*, Paris, PUF, 1970.

J.G.TH. GRAESSE, *Trésor de livres rares et précieux*, Dresden, Kuntze, 1859.

GUAITA, *Stanislas de Guaita et sa bibliothèque occulte*, Paris, Dorbon, 1899.

M. HALL, *Alchemy. A comprehensive Bibliography of the M.P. Hall Collection, ed. by R.Ch. Hogart*, Los Angeles, Philosophical Research Society, 1986.

JOUIN E DESCREUX, *Bibliographie Occultiste et Maçonnique*, Paris, Revue Internationale des Sociétés Secrètes, Emile Paul Frères, 1930.

C.G. JUNG, *Psychologie und Alchimie*, Zurique, Rascher, 1944. (Tr. it. *Psicologia e alchimia*, Turim, Boringhieri, 1981).

C.G. JUNG, *Mysterium Conjunctionis*, Zurique, Rascher, 1955.

H. KHUNRATH, *De igne magorum philosophorumque*, Estrasburgo, Zetzner, 1608.

H. KHUNRATH, *Von hylealischen ... Chaos*, Magdeburgo, Erben, 1597.

LENGLET DU FRESNOY, *Histoire de la philosophie hermétique*, Paris, Constelier, 1742.

MELLON, *Alchemy and the Occult. A Catalogue of Books and Manuscripts from the Collection of P. and M. Mellon. Given to Yale University Library, Compiled by I. Macphail (et al.)*, New Haven, Yale U.P., 1968.

J.W. MONTGOMERY, *Cross and the Crucible. Johann Valentin Andreae*, Haia, Nijhof, 1973.

ROSENTHAL, s.d., *Bibliotheca Magica et Pneumatica*. Kat. 31-35, Munique, Rosenthal.

G. SCHOLEM, *Bibliographia Kabbalistica*, Leipzig, Drugulin, 1927.

F. SECRET, *Les kabbalistes chrétiens de la Rénaissance*, Paris, Dunod, 1964 (2ª ed. Milão, Arché, 1985).

J.A. SÖLDNER, *Fegfeuer der Chymisten*, Amsterdã (ou Hamburgo), 1702.

◆ 153 ◆

UMBERTO ECO

L. THORNDIKE, *A History of Magic and Experimental Science*, Nova York, Columbia U.P., 1923.

J. VAN LENNEP, *Alchimie*, Bruxelas, Crédit Communal de Belgique, 1985.

VERGINELLI-VINCI, *Bibliotheca Hermetica. Catalogo alquanto ragionato della raccolta Verginelli-Rota di antichi testi ermetici (secoli XV-XVIII)*, Florença, Nardini, 1986.

A.E. WAITE, *The Brotherhood of the Rosy-Cross*, Londres, Rider, 1924.

G. WEHR, *Rosenkreuzerische Manifeste*, Schaffausen, Novalis, ed. 1980.

F. YATES, *The Rosicrucian Enlightment*, Londres, Routledge, 1972 (Tr. it. *L'illuminismo dei Rosa-Croce*, Turim, Einaudi, 1976).

Uma primeira versão tinha sido publicada com o mesmo título em *L'Esopo* 40, 1988. Com o mesmo título e alguns acréscimos, depois o texto saiu em volume, edição fora do comércio, Milão, Bompiani, 1989. Esta terceira versão traz outros acréscimos no que se refere à colação final.

♦ 154 ♦

LOUCOS LITERÁRIOS
(E CIENTÍFICOS)

VARIA ET CURIOSA

Ler os catálogos significa descobrir presenças inesperadas, desde que se tenha a paciência de ir desencavá-las naquelas seções que os livreiros costumam intitular *Varia et curiosa*. Descobrem-se então livros cujos títulos nos fazem devanear, e gostaríamos de possuí-los todos, se não fossem eles legião, e sua coleta completa não ameaçasse levar à ruína o mais rico dos colecionadores.

Gabinetes de curiosidades

Quase dez anos atrás, aconteceu-me resenhar, como se fosse um inédito rabelaisiano, o catálogo *Cabinet de curiosités II* da livraria parisiense Intersigne. Folheando a lista daqueles 535 títulos, encontrei deliciosas publicações médicas da época positivista — tais como análises sobre a loucura de Rousseau e um *Maomé considerado como alienado*, de 1842; experiências de transplantes de testículos de macacos para homens, próteses testiculares em prata; as obras do célebre Tissot sobre masturbação (como causa de cegueira, surdez, demência precoce e assim por diante); um opúsculo no qual se denuncia a sífilis como doença perigosa

UMBERTO ECO

porque constitui uma possível causa de tuberculose; e um outro, de 1901, sobre necrofagia.

Mas limito-me a títulos decididamente menos científicos. Gostaria de ter um certo Andrieu, sobre o palito e seus inconvenientes, 1869. Atrai-me Ecochoard, sobre as várias técnicas de empalamento, sem falar de Foumel, sobre a função dos golpes de bastão (1858), no qual se fornece uma lista de escritores ou artistas célebres que foram castigados com bastonadas, de Boileau a Voltaire e Mozart. Um tal de Berillon (indicado como exemplo de homem de ciência obcecado pelo nacionalismo) escreve, em plena guerra mundial (1915), um *La polychésie de la race allemande* no qual demonstra que o alemão médio produz mais matéria fecal do que o francês, e de odor mais desagradável.

Um senhor Chesnier-Duchêne (1843) elabora um complexo sistema de tradução do francês para hieroglifos de novo cunho, a fim de torná-lo mais compreensível a todos os povos. Um certo Chassaignon (mas este eu tenho) escreve em 1799 quatro volumes cujo título vale a pena saborear: *Cataractes de l'imagination, déluge de la scribomanie, vomissement littéraire, hémorragie encyclopédique, monstre des monstres.* Digamos — mas quem terá tido a coragem de ler todas essas 1.500 páginas? — que esse cavalheiro, descrito unanimemente pelos bibliógrafos como desatinado, joga com toda a literatura universal, de Virgílio aos borra-papéis mais demenciais marginais, para arrastá-los ao próprio delírio, extraindo deles citações, episódios curiosos, observações que enchem páginas e páginas de notas, passando dos perigos da crítica da modéstia ao elogio do louvor, das profecias de Ezequiel às raízes de alcaçuz.

♦ 158 ♦

A MEMÓRIA VEGETAL

Também encontrei uma pequena obra de 1626 sobre a Ordem dos Cornos Reformados que descreve o estatuto desses adeptos, a cerimônia de iniciação, e faz a origem dos cornos remontar à Torre de Babel. Faltava naquele catálogo (mas apareceu em outros do mesmo livreiro) uma obra que teve incontáveis edições, de 1714 ao início do século XIX. Trata-se (este eu também tenho, mas não é raro em absoluto) de *Le chef-d'oeuvre d'un inconnu* de Saint-Hyacinthe.[1]

Sobre os loucos literários

Eram doidos todos os autores dos livros que acabo de citar? Uso com justeza a palavra "doidos", porque existe um gênero ensaístico e bibliográfico que podemos definir como historiografia dos loucos literários, e que se ocupa de autores "malucos", não só no âmbito da literatura mas também no das ciências. Cito, por exemplo, *L'histoire littéraire des fous* de Delepierre, 1860, ou obras que tratam de uma só área geográfica, como *Les fous littéraires du Quercy*, de Louis Greil, 1866. Para não falar do célebre Quérard, *Supercheries littéraires*, 1845, o qual, contudo, fala de loucos que "se dão bem", ou seja, de plagiários, apócrifos e organizadores de engodos editoriais. O livro mais célebre, porém, talvez seja *Les fous littéraires* de Philomneste Junior (pseudônimo de Gustave Brunet), publicado em Bruxelas em 1880. Fosse por brincadeira, fosse por polêmica, fosse por carência de método, o nosso Brunet não fazia uma distinção clara entre obras

---

[1]Ver, neste mesmo volume, o ensaio dedicado a Saint-Hyacinthe, "A obra-prima de um desconhecido".

♦ 159 ♦

UMBERTO ECO

loucas e obras (até sensatíssimas) de autores que na vida privada sofriam de distúrbios psiquiátricos. Mas certamente considerava que a obra de um louco era louca, e que uma obra que lhe parecia louca pressupunha um autor louco.

Por isso, parece óbvio que, ao lado de um Attardi que em 1875 publicou um livro sobre a possibilidade de abolição da morte, tanto a violenta quanto a natural, ou de um Henrion que em 1718 apresentou uma dissertação sobre a estatura de Adão, Brunet colocasse vários místicos, visionários, alquimistas e cabalistas, de Paracelso a Fludd, de Cyrano de Bergerac a Sade e Fourier. Às vezes Brunet falava de casos indubitavelmente singulares, como quando apresentava Wronski, um senhor que publicou milhares de páginas de matemática, ciências naturais, política, escrevendo cartas ao Czar da Rússia e a outros dirigentes de Estados europeus para propor uma Reforma Absoluta do Saber Humano e da Mecânica Celeste que possibilitasse combater a Sinistra Desordem Revolucionária e as sociedades secretas. Um certo banqueiro Arson, que também aspirava ao saber absoluto, financiara-o por longo tempo, depois tinha havido uma ruptura violenta entre os dois e Wronski escrevera páginas e páginas contra Arson, movendo-lhe também um processo, jamais vencido, em que exigia duzentos mil francos da época, por furto de verdades filosóficas. Note-se que Wronski de vez em quando acertava algumas ideias, que não eram de se jogar fora, e Jakobson, por exemplo, cita-o com muito respeito.[2]

Mas o que nos faz saltar da cadeira é que nessa companhia encontramos Sócrates, Newton, Poe e Walt Whitman, e não só

---

[2]Ver Roman Jakobson, *Lo sviluppo della semiotica*, Milão, Bompiani, 1978.

♦ 160 ♦

A MEMÓRIA VEGETAL

eles. Convém dizer que Brunet tinha lá sua lógica: via em Whitman um princípio de orgulho e de revolta, a exaltação da própria individualidade e frases como "eu torno divino tudo aquilo que toco". E comentava: "Por acaso não estão aqui todos os sintomas da demência?". Em relação a Sócrates, para começar Brunet se perguntava se convinha considerá-lo escritor, porque o coitadinho jamais havia escrito, e manifestava algumas dúvidas quanto a classificar entre os malucos um senhor que afirmava ter um demônio familiar. Concluía que, em todo caso, tratava-se de monomania. De Newton, dizia de saída: gênio imortal, sim, mas visionário que se ocupou de cabala, forças ocultas e interpretações do Apocalipse. O que, aliás, era verdade, só que Brunet desprezava as contribuições dele, certamente menores, para o estudo da gravitação universal ou para o cálculo diferencial.

Contudo, até Gustave Brunet, como todo louco literário, pode sugerir algo de bom, ou seja, que a noção de loucura pode mudar muito, segundo as épocas e as perspectivas filosóficas. Tempos atrás, eu me vi conversando com um insigne matemático que me revelou, perplexo, que Leibniz era maluco. "Imagine", disse-me, "que eu descobri que esse homem, autor de opúsculos de lógica e de matemática verdadeiramente geniais, também escreveu algumas obras marginais com fantasias delirantes sobre as mônadas e sobre a harmonia preestabelecida!"

Entre os herdeiros de Brunet, o mais célebre em nossos dias foi André Blavier, falecido há menos de um ano, membro ativo do Oulipo* e (como eu) Sátrapa Transcendente do Colégio de

---

*Sigla de *Ouvroir de Littérature Potentielle*, algo como "Oficina de Literatura Potencial". (*N. da T.*)

Patafísica, que publicou um volume de quase mil páginas sobre *Les Fous Littéraires*. Desde quando escrevi *O pêndulo de Foucault*, recebo dezenas de cartas daqueles que no romance eu definia como os Diabólicos, os quais não perceberam que meu romance era a representação grotesca deles e (sendo loucos, precisamente) me enviam revisitações delirantes da Cabala ou numerologias sem pé nem cabeça. Desde quando escrevi *A busca da língua perfeita* (no qual argumento que não é possível construí-la), sempre recebo textos de numerosas centenas de páginas nas quais alguém apresenta uma nova linguagem universal. Mas, com tudo isso, amealhei uma bibliotequinha bastante modesta de uns cem títulos, ao passo que os listados por Blavier são mil e quinhentos ou quase. Como se faz para recolher mil e quinhentas obras de doidos literários? É a tarefa de uma vida, e a obra de um gênio.

Abrindo ao acaso as páginas desse levantamento de miríficos horrores, poderíamos citar inventores de línguas universais, apóstolos de novas cosmogonias, profetas, visionários, novos messias, quadratores do círculo, inventores de máquinas para o moto-perpétuo, filantropos que propõem palingêneses sociais, higienistas que celebram as vantagens de caminhar para trás, médicos que estudaram a quantidade de "animálculos" nocivos que habitam o esperma humano, um sociólogo que propõe um método para utilizar socialmente os assassinos, um tal de Madrolle que discorre sobre a teologia das ferrovias, a obra de Félix Passon, *Démonstration de l'immobilité de la terre*, de 1829, a *Réfutation du systhème de Copernic* de Pierre Sindoco, de 1878; o trabalho de um certo Tardy que prova como nosso globo gira sobre si mesmo em quarenta e oito horas, o *Essai d'une nouvelle hypothèse planétaire* de Van de Cotte (1851), no qual se demonstra que, a

A MEMÓRIA VEGETAL

aceitarmos Copérnico, uma cidade nunca poderia ser bombardeada porque, ficando a bomba suspensa no ar ao menos por alguns segundos antes de cair, nesse ínterim a superfície terrestre se teria deslocado.

Terras ocas e outras astronomias delirantes

Na coletânea de Blavier existem menções aos defensores das várias teorias sobre a Terra Oca, mas suas fontes são principalmente francesas, ao passo que as obras principais sobre o assunto estão em inglês e alemão.

Desde 1925 divulgava-se nos ambientes nazistas a teoria de um pseudocientista austríaco, Hans Hörbiger, chamada WEL, a saber, *Welteislehre*, ou teoria do gelo eterno. Ela havia desfrutado dos favores de homens como Rosenberg e Himmler. Mas, com a ascensão de Hitler ao poder, Hörbiger foi levado a sério até em alguns ambientes científicos, por estudiosos como Lenard, por exemplo, que descobriu os raios X com Roentgen. A teoria do gelo eterno tinha sido exposta já em 1913 por Philip Fauth em seu *Glacial-Kosmogonie*: o cosmo é o teatro de uma luta eterna entre gelo e fogo, que produz não uma evolução, mas uma alternância de ciclos, ou de épocas. Teria existido um enorme corpo de alta temperatura, milhões de vezes maior que o Sol, que entrou em colisão com um imenso acúmulo de gelo cósmico. A massa de gelo penetrou nesse corpo incandescente e, depois de trabalhar no interior dele como vapor durante centenas de milhões de anos, fez tudo explodir. Vários fragmentos foram projetados tanto no espaço gelado quanto numa zona intermediária, onde constituíram o sistema solar. A Lua, Marte, Júpiter e Saturno

♦ 163 ♦

são gelados e é um anel de gelo a Via Láctea, na qual a astronomia tradicional vê estrelas; mas trata-se de truques fotográficos. As manchas solares são produzidas por blocos de gelo que se soltam de Júpiter.

Hoje a força da explosão original vai diminuindo e os planetas não cumprem uma revolução elíptica, como acredita erroneamente a ciência oficial, mas uma aproximação em espiral (imperceptível) em torno do planeta maior que o atrai. No final do ciclo em que estamos vivendo, a Lua se aproximará cada vez mais da Terra, fazendo subirem progressivamente as águas dos oceanos, submergindo os trópicos e deixando emergirem somente as montanhas mais altas; os raios cósmicos ficarão mais potentes e determinarão mutações genéticas. Por fim, nosso satélite explodirá, transformando-se num anel de gelo, água e gás, que acabará precipitando-se sobre o globo terrestre. Por causa de complexos eventos devidos à influência de Marte, a Terra também se transformará num globo de gelo e finalmente será absorvida pelo Sol. Depois haverá uma nova explosão e um novo início, assim como, no passado, a Terra já teve e depois absorveu outros três satélites.

Os senhores terão notado que essa cosmogonia pressupunha uma espécie de Eterno Retorno que remetia a mitos e epopeias antiquíssimos. Mais uma vez, aquilo que os nazistas hodiernos também denominam o saber da Tradição era oposto ao falso saber da ciência liberal e judaica. Além disso, uma cosmogonia glacial parecia muito nórdica e ariana. Em seu *O despertar dos mágicos*, Pauwels e Berger atribuem a essa profunda crença nas origens glaciais do cosmo a confiança, nutrida por Hitler, em que suas tropas poderiam sair-se muitíssimo bem no gelo do território russo. Mas também sustentam que a exigência de testar como

A MEMÓRIA VEGETAL

reagiria o gelo cósmico havia retardado até os experimentos com as bombas V1. Ainda em 1952, um certo Elmar Brugg publicou um livro em homenagem a Hörbiger como Copérnico do século XX, afirmando que a teoria do gelo eterno explicava os profundos vínculos que unem os acontecimentos terrestres às forças cósmicas, e concluía que o silêncio da ciência democrático-judaica em relação a Hörbiger era um caso típico de conspiração dos medíocres.

O fato de que em torno do partido nazista agissem cultores de ciências mágico-herméticas e neotemplárias, por exemplo os adeptos da *Thule Gesellschaft* fundada por Rudolf von Sebottendorff, é fenômeno que foi amplamente estudado.[3]

Mas, no ambiente nazista, também se teria dado ouvidos a uma outra teoria, a da Terra Oca. Na verdade, as teorias da Terra Oca são duas. Para a primeira, nós habitamos sobre a crosta, mas no interior há um outro mundo, que não conhecemos, onde (segundo alguns) fica o reino misterioso de Agarttha, sede do Rei do Mundo (e vejam-se por exemplo as fantasias de René Guénon). Para a outra, nós acreditamos habitar sobre a crosta externa, mas na verdade habitamos o interior (isto é, acreditamos habitar uma superfície convexa mas de fato habitamos uma superfície côncava).

Uma das primeiras teorias da Terra Oca foi proposta em 1692 por Edmund Halley (isto mesmo, aquele do cometa). Fascinado pelo problema do campo magnético terrestre, Halley tinha des-

---

[3]Ver por exemplo Nicholas Goodrick-Clarke, *The occult roots of Nazism*, Wellingborough, Aquarian Press, 1985, ou René Alleau, *Hitler et les sociétés secrètes*, Paris, Grasset, 1969.

coberto que a direção do campo variava ligeiramente no decorrer do tempo e daí tirara a conclusão de que não havia só um campo magnético, mas muitos. Donde a ideia de que a Terra era oca e de que dentro dela existia uma segunda esfera com outro campo magnético. Por fim, ele propôs que a Terra se compunha de quatro esferas, cada uma encaixada na outra, como as *matrioskas*, que o interior do planeta era habitado e iluminado por uma espécie de atmosfera leve e que as auroras boreais não eram senão fugas desse gás luminoso através da calota polar.

No século XVIII o célebre matemático Euler substituiu a teoria das esferas múltiplas pela de uma só esfera côncava e vazia, a qual continha um sol que aquecia e iluminava uma civilização avançada. Mais tarde, o matemático escocês *Sir* John Leslie afirmou que no interior da Terra havia não só um, mas dois sóis, aos quais deu os nomes de Plutão e Prosérpina.

A teoria da Terra Oca foi reapresentada no início do século XIX por um certo capitão J. Cleves Symmes, de Ohio, que escreveu a várias sociedades científicas: "Ao mundo inteiro: eu declaro que a Terra é oca e habitável em seu interior, que ela contém um certo número de esferas sólidas, concêntricas, isto é, postas uma dentro da outra, e é aberta nos dois polos por uma extensão de doze ou dezesseis graus." Na Academy of Natural Sciences de Filadélfia ainda se conserva a maquete, em madeira, do seu universo. Uma das ideias de Symmes era a de que no Polo Norte e no Polo Sul existiam duas aberturas que conduziam ao interior do globo, e com o objetivo de identificá-las ele tentou recolher fundos para uma exploração nas regiões polares. Não conseguiu realizar o projeto, mas a ideia foi retomada por um editor de jornais, Jeremiah Reynolds. Reynolds se empenhou em promover a

A MEMÓRIA VEGETAL

expedição à custa do governo americano, que investiu 300.000 dólares, naturalmente sem nenhum resultado. Em 1846, a descoberta de um mamute encerrado no gelo da Sibéria foi usada por Marshall Gardner como prova da Terra Oca. Gardner afirmava que o mamute estava tão bem preservado porque morrera recentemente, e que, portanto, outros exemplares daquela espécie ainda deviam circular pelo interior da Terra. Evidentemente, o mamute siberiano tinha saído pelo buraco do Polo Norte e, depois de sua morte, fora arrastado até a Sibéria por algum fluxo glacial.

A teoria foi retomada na segunda metade do século por Cyrus Reed Teed, o qual especificava que aquilo que acreditamos ser o céu é uma massa de gás, que preenche o interior do globo, com zonas de luz brilhante. Mas o Sol, a Lua e as estrelas não seriam globos celestes, e sim efeitos visuais provocados por vários fenômenos.

Como foi notado, a teoria de Teed era difícil de confutar por parte dos matemáticos do século XIX, porque era possível projetar a superfície convexa da Terra sobre uma superfície côncava sem que se notassem muitas discrepâncias.

Após a morte de Teed, em 1909, suas ideias se difundiram pouco a pouco na Alemanha e, depois da Primeira Guerra Mundial, a teoria foi retomada por Peter Bender e mais tarde por Karl Neupert, que havia fundado o movimento da *Hohlweltlehre*, a teoria da Terra Oca.

Segundo certas fontes,[4] nas altas hierarquias alemãs essa ideia foi levada a sério, e em alguns ambientes da marinha germânica

---

[4] Por exemplo Gerard Kniper, do observatório de Monte Palomar, num artigo publicado em *Popular Astronomy* em 1946, e Willy Ley, que havia trabalhado na Alemanha nas V1, em seu artigo "Pseudoscience in Naziland", *Astounding Science Fiction* 39, 1947.

considerava-se que a teoria da Terra Oca permitia estabelecer com mais exatidão as posições dos navios ingleses porque, se fossem usados raios infravermelhos, a curvatura da Terra não obscureceria a observação. Outro rumor sustenta que, ainda durante a Segunda Guerra Mundial, Hitler enviou uma expedição à ilha báltica de Rugen, e aqui um certo Dr. Heinz Fischer apontou uma câmara telescópica para o céu a fim de localizar a frota britânica que estava navegando no interior da superfície convexa da Terra Oca. O experimento não deu resultados interessantes.

Diz-se até que alguns lançamentos das V1 foram errados justamente porque se calculava a trajetória partindo da hipótese de uma superfície côncava, e não convexa. Donde se vê — se for verdade — a utilidade histórica e providencial das astronomias delirantes.

Mas é fácil alegar que os nazistas eram malucos e já morreram todos, salvo o bom Martin Bormann, que é sempre dado como escondido em algum lugar. O fato é que, se você entrar na Internet e usar qualquer ferramenta de busca para achar *sites* que se ocupem da Hollow Earth, ou Terra Oca, verá que existem ainda muitíssimos seguidores das duas versões, aquela pela qual dentro da Terra vivemos nós e aquela pela qual existe no centro o reino misterioso de Agarttha...

Se depois você buscar "Byrd", encontrará muitos sites os quais partem do fato de que o almirante Byrd sobrevoou o Polo Norte em 1926 e o Polo Sul em 1929, sem ver nenhum buraco que possibilitasse acesso ao interior da Terra. Mas sobre as viagens de Byrd surgiu uma vasta literatura, e várias mentes bizarras interpretam suas observações no sentido exatamente contrário, como prova de que os buracos de acesso existem, sim. Até porque, fo-

A MEMÓRIA VEGETAL

tografando as zonas em questão durante o dia, nota-se uma zona escura, ou seja, a porção do círculo ártico que, durante os meses invernais, nunca é iluminada pelo Sol.

E não adianta dizer que os sites (e os livros que eles divulgam) foram criados por alguns finórios que se aproveitam de um público de basbaques e/ou devotos da New Age. O problema social e cultural não é representado pelos finórios, mas pelos basbaques, os quais evidentemente ainda são legião.

Autores de Quarta Dimensão

Nos anos 70, comecei a me ocupar dos autores que chamei de Quarta Dimensão. A denominação vinha do fato de que eu definia como Primeira Dimensão a da obra em forma manuscrita, e como Segunda Dimensão a da obra publicada por um editor sério. Calculando como Terceira Dimensão a do sucesso (visto que muitos autores, até excelentes, permanecem segregados na segunda, destinados à picotadora ou aos *remainders*), eis que identifiquei a quarta, aquela dos autores autofinanciados, em geral publicados por editoras especializadas em explorar esses talentos justamente incompreendidos. Não direi mais sobre o fenômeno, primeiro porque dele extraí matéria narrativa para falar das editoras Manuzio e Garamond no meu *O pêndulo de Foucault*, e segundo porque, se naquela época a Quarta Dimensão era gerida por poucos editores bem conhecidos, hoje ela se estendeu até o *mare magno* da Internet e é difícil mapeá-la de maneira completa.

Mas, em suma, ao fazer aquela pesquisa, cheguei a recolher uma pequenina biblioteca de autores à própria custa que hoje,

♦ 169 ♦

trinta anos depois, tem todas as condições para entrar no mercado do antiquariato.

Um dos meus exemplares mais preciosos é o *Dizionario biografico di personaggi contemporanei* de Domenico Gugnali, Gugnali Editore, Módica. Procuremos o verbete "Cesare Pavese". É exato e sóbrio: "Pavese, Cesare. Nascido em Santo Stefano Belbo em 9-9-1908. Falecido em Turim em 27 de agosto de 1950. Tradutor, escritor." Pouco adiante, porém, temos: "Paolizzi, Deodato. Homem de pena e homem de letras; eis Deodato Paolizzi. Desde sua primeira juventude fez-se notar por seus poemas espontâneos, mas especialmente por seus escritos incisivos, nos quais já se sentia o advogado de amanhã." Seguem-se menções ao seu célebre romance *Il destino in marcia* e notas sobre sua atividade civil e política.

Ainda no "P", depois de três linhas sobre "Piovene, Guido", vem a longa biografia de Pusineri Chiesa, Edvige, professora primária em Lodi, poetisa e escritora, autora de *Mesti palpiti*, *Alba serena*, *Cantici*, *Il legionario*, *Sussurri lievi*, *Aurei voli*, *Chiarori nell'ombra*, *Le avventure di Fuffi*. É redatora milanesa do periódico *Intervallo*, o qual, por acaso, é editado pelo Gugnali que publica o dicionário em questão. O verbete é complementado pela foto da Pusineri Chiesa, que aparece em toda a glória de sua opulenta maturidade, ao lado da imagem da "delicada poetisa sarda" Puligheddu, Michelina.

As biografias do Gugnali nos revelam um universo literário rico e fecundo, e com frequência tracejam uma personalidade de escritor em poucas menções essenciais: "Cariddi, Walter. Nascido em 4-2-1930 em San Pietro Vernotico, Brindisi, onde é residente (conhecido)." Poeta, crítico e publicista, "tem uma vocação

A MEMÓRIA VEGETAL

para os estudos sérios conjugada ao empenho por mais notáveis sucessos". Há Leonida Gavazzi (*Cromatogramma tridimensionale dell'esistenza* e *La ragnatela dell'essere*); Gargiuto, Gaetano, fundador do movimento poético do harmonismo (que também envia aos jornais poemas datilografados em edição numerada); Maira, Rosangela ("participou do concurso Brava e Bella promovido entre as alunas sicilianas do 'Progresso ítalo-americano' ... premiada com um aparelho de rádio"); Montanelli Menicatti, Elena ("uma das mais apreciadas poetisas do nosso tempo"); Mignemi, Gregorio (autor de um *Temi svolti*); Moscucci, Cittadino ("autor de muitas cançonetas musicadas pelo maestro Cotogni e cantadas no rádio pelo tenor Sernicoli"); e, para concluir, Scarfò, Pasquale (autor de um *Il signore delle camelie* e sobre o qual sabe-se que, "embora contador e doutor comercialista, sempre preferiu a essa profissão a vida militar"), assim como um Umani, Giorgio, que escreveu, além de *L'ineffabile orgasmo*, o volume *Umani*, 1937, e, como diz a biografia com certa redundância, é "profundo estudioso dos problemas humanos".

Tenho os dois volumes de Carlo Cetti sobre *Os noivos: Difetti e pregi dei Promessi Sposi* e *Rifacimento dei Promessi Sposi*, dos quais o segundo é a concretização das propostas críticas do primeiro. Cetti argumenta que bem teria feito Manzoni se tivesse reescrito mais uma vez o seu romance, tornando-o menos pesado com a redução do número de sílabas em um terço. "Por que dizer 'lago di Como' e 'mezzogiorno' em vez de 'Lario' e 'sul'? ... Em vez de dizer 'tutto a seni e a golfi', é melhor dizer 'tutto seni e golfi', evitando a dupla repetição daquele *a*." Assim, Cetti consegue reescrever o romance em apenas 196 páginas (publicadas à custa do autor, Como, 1965), desde o início, que diz "Quel ramo del

♦ 171 ♦

Lario ...", até o final, que narra sobriamente, após a morte do padre Cristoforo: "il povero giovane, sopraffatto da commozione e da gioia, piangeva". E atenção, não se trata de um simples resumo, mas de um verdadeiro decalque, com extirpação de sílabas excedentes. Sobre *I Promessi Sposi* também se lança Vincenzo Costanza ("aprovado no exame de livre-docência por caso especial de alta ciência", de Agrigento) em *Il pecoronismo incantevole in Italia*, no qual, porém, a polêmica rapidamente abandona Manzoni para sustentar que não se diz Treccàni, mas Trèccani.

Um escritor de quem possuo, creio, a *opera omnia* é Giovanni Tummolo, de Trieste, autor de obras como *Luce sepolta, Il divoratore di se stesso*, a adaptação teatral de *Sangue romagnolo*, as *Meditazioni diaboliche*, e de vários livrinhos nos quais difunde sua doutrina, o misticateísmo, tal como o vivaz *Come evitare la terza guerra*, rico de invectivas contra os concidadãos pouco compreensivos ou contra outros autores com os quais ele dialoga em vários periódicos. De *Luce sepolta* dizia um resenhista ítalo-americano, na revista *Supersum* de Nova York, que "é um romance lírico e às vezes superlírico ... A literatura de Tummolo se distingue sobretudo por ser humilde. O que deveria suscitar um impulso de piedade no coração humano ... em teoria, na prática é quase sempre o oposto ... Está demonstrado que quase todos os que resenharam desfavoravelmente o livro *Luce sepolta*, voluntária ou involuntariamente, através de sua síntese narrativa, revelaram-se falsos e incapazes de compreendê-lo". As farpas do resenhista apontam-se aqui contra seus colegas que erraram ao fazer o resumo do livro, mas, observa ele, "os responsáveis justificam essas interpretações erradas por sua constatação da enorme produção literária da Itália, terra de gênios e heróis, produção

A MEMÓRIA VEGETAL

tão gigantesca que efetivamente não deixa tempo para um exame escrupuloso". Embora, com Tummolo, fosse conveniente perder mais um pouco de tempo porque, anota o resenhista, ele não só tem estilo como também um pensamento original, ao passo que Novalis era apenas o cantor da filosofia de Schelling.

Assim como existem o poeta e o narrador, também existe o filósofo de Quarta Dimensão. A figura que se agigantou nesse campo em meados do século XX foi a de Giulio Ser-Giacomi, de Offida (Ascoli Piceno), que espargia o desconcerto nos congressos filosóficos e foi autor de volumes de amplas dimensões. Entre estes, permanece célebre o epistolário com Einstein e Pio XII, que recolhia em centenas de páginas todas as cartas enviadas pelo autor a Pio XII e a Einstein (naturalmente, sem jamais obter qualquer resposta) e nas quais eram confutadas tanto a metafísica cristã quanto a relativista. Nas reflexões conclusivas ao décimo sétimo congresso de filosofia (no qual, como nos congressos precedentes, as intervenções de Ser-Giacomi suscitavam justa preocupação), o filósofo afirmava: "Os numerosos argumentos sobre a história, por mim apresentados e resolvidos em *Alea iacta est* e portanto 'antecipados', ninguém se interessou por discuti-los, assim como os outros expostos em *Gutta cavat lapidem* que tomei o cuidado de fazer chegar a muitos estudiosos antes do Congresso ... A filosofia precisa de uma nova linfa, aquela linfa que há muito tempo eu já lhe dei ...". Ser-Giacomi concluía a intervenção no congresso fazendo um apelo no sentido de que o ajudassem a encontrar um mecenas "para a reimpressão, em milhares de cópias, de todos os meus escritos".

Outro incompreendido, tragicamente empenhado numa batalha contra o mundo do saber, é Eulogo D'Armi, de Cagliari.

♦ 173 ♦

UMBERTO ECO

Em seu *Teismo e monismo di fronte*, depois de polemizar com o pensamento italiano contemporâneo, ele conta como, no congresso de filosofia de 1958, a secretaria "bajuladora ... alegava pretextos frívolos e mendazes para dissuadi-lo de toda intervenção". Mas D'Armi, tendo percebido que o chefe da delegação soviética, Mitin, ultrapassava o tempo que lhe era atribuído ("a vantagem de ter atrás de si uma grande potência!"), insurgia-se contra a óbvia arbitrariedade.

O filósofo escarnecido e incompreendido vê os regulamentos dos congressos como artifícios deliberadamente excogitados para impedir suas intervenções. E não se pode falar de mania de perseguição, porque, de fato, uma das primeiras preocupações de todo congresso ou revista filosófica é justamente a de impedir a participação muitas vezes incontrolável dos excêntricos.

Minha coleção de autores de Quarta Dimensão continua a enriquecer-se. Recebi alguns anos atrás, como "prova de impressão — amostra grátis" (e depois veremos por quê), o livro *Rivolta di un uomo tranquillo*, de Romano Pizzigoni. Contém cartas que ele mandou praticamente a todo mundo. Ao editor Baraghini, para discutir a relatividade e lamentar que o *New York Times* e o *Los Angeles Times*, aos quais havia enviado muitíssimos artigos, tivessem retomado livremente suas ideias; a Bush (pai), para convidá-lo a não se reapresentar às eleições; aos deputados e senadores, para protestar contra o festival de San Remo; a Enzo Biagi, sobre a existência de Deus; ao rei da Arábia Saudita, a Saddam Hussein, para dar conselhos sobre o equilíbrio mundial; a Giorgio Bocca, sobre o comunismo; à redação de *L'Espresso*, para convidá-los a não mais lhe enviar gratuitamente o semanário (coisa que me espanta, porque não o mandam nem a mim); ao pre-

A MEMÓRIA VEGETAL

sidente da Random House, de cuja existência ele diz haver sabido lendo *L'Espresso*; ao diretor da France Culture; ao Instituto Pasteur, sobre a pesquisa biológica; à revista *Nature*, sobre o desaparecimento dos dinossauros; à Fundação Nobel, para exortá-los a não premiar cafajestes; a várias instituições, para acusar Hawking de tê-lo plagiado; a Ceronetti, sobre o nazismo; a Tortora, já doente de câncer, indicando-lhe os meios psicológicos para não morrer; ao Canale 5 e, por conhecimento, a Berlusconi, para oferecer colaboração; a Bobbio, sobre ditadura e democracia; a Alberoni, sobre o ensino obrigatório; e aqui me detenho, por falta de espaço.

Quem é Pizzigoni, isso ele mesmo nos dizia numa página autobiográfica. Cinquenta e seis anos na época, diploma elementar, fugido à repressão do ensino obrigatório, operário na Alfa Romeo por dois meses, havia recusado a cadeia de montagem e emigrado para Paris, trabalhara na Ansa como operador de telex, tornara-se repórter fotográfico durante dez anos, e depois tinha iniciado uma outra atividade não especificada que lhe permitira ter uma casa com vista para o mar, mas "os chacais, emboscados, travestidos de juízes, advogados, bancários", acabaram por despojá-lo, deixando-o "quase nu, no meio de uma montanha, entre populações semisselvagens". Agora, por protesto contra o mundo, fazia longas greves de fome (mas diferentes das de Marco Pannella, o qual, assim que as pessoas lhe viravam as costas, "empanturrava-se a mais não poder"). Para não ter de pagar impostos, preferia não ganhar nada, conseguindo viver com cinco mil liras por dia (sobre as quais não sei se pesavam também as despesas postais).

Escrevia e talvez ainda escreva para exprimir sua indignação, e isso me tornou simpática sua figura. Mas não era desprovido

♦ 175 ♦

UMBERTO ECO

de ambições, e pedia que o nomeassem Ditador pelo período de um ano. Seu programa se compunha de uns sessenta pontos, entre os quais: proibição de emitir bônus do Tesouro por alguns anos; exoneração de pelo menos setenta por cento do funcionalismo público; abolição da carteira de motorista; supressão de seguros sociais e pensões, impostos de quaisquer tipos, consulados e embaixadas (a serem substituídos por contatos radiotelevisivos); liberdade de comércio e exportação para objetos de arte; fechamento quase total dos hospitais e criação de um corpo médico que ensinasse aos cidadãos como não adoecer; obrigatoriedade de aleitamento no seio; escolas diversificadas ao máximo ... E esses eram propósitos que até poderiam atrair nosso novo governo. Mas parecia difícil conciliar os interesses do novo com estas outras decisões: abolição do futebol profissional; proibição da goma de mascar; abolição da caça; abolição de oitenta por cento dos automóveis; nos momentos de crise, obrigação, para as empresas, de renunciar aos lucros; abolição de toda a publicidade televisiva; salário mínimo para todos os cidadãos italianos, do nascimento até a morte. Para não falar de propostas que embaraçariam qualquer grupo político, menos a Liga Lombarda, tais como a abolição das forças armadas, a expulsão de todos os estrangeiros do território nacional ou a transferência da capital para Merano.

Não que a Pizzigoni faltasse o senso de realidade: as cópias-piloto do seu livro continham formulários pelos quais os leitores podiam subscrever obrigações de um milhão cada um (não mais de setenta no total, para cobrir as despesas de impressão), inteiramente restituíveis quando se chegasse às primeiras cinquenta mil cópias vendidas. Era um risco para os leitores, no desafortunado caso de o autor só conseguir vender 49.000. Mas podia valer

♦ 176 ♦

A MEMÓRIA VEGETAL

a pena, visto que o segundo parágrafo do contrato previa que cada subscritor recebesse juros de três milhões ao serem atingidas as primeiras 450.000 cópias vendidas. Uma proposta honesta, porque 450.000 cópias a 5.000 liras dão dois bilhões e duzentos e cinquenta milhões, e três milhões vezes setenta dão duzentos e dez milhões. Assim, chegaríamos a quase dez por cento de juros. Mas o que aconteceria se a obra-prima de Pizzigoni só vendesse 449.999 cópias?

A Quarta Dimensão é vasta. Nela nasce de tudo. E nela pode medrar o excêntrico sobre quem pesará sempre uma suspeita de originalidade, talvez de grandeza. O exemplo mais relevante (e mais ignorado) desse limiar ambíguo entre uma dimensão e outra foi dado pela obra do piemontês Augusto Blotto. Blotto, que, creio, leva ou levava mansa e integérrima vida de funcionário público, publicou nos anos 60 volumes luxuosos pelo editor Rebellato, e não me consta que algum tenha sido vendido em livraria. Eram, porém, enviados com liberalidade a críticos e jornais. Cada volume tem de trezentas a seiscentas páginas de poesia. Os títulos já são, sem dúvida alguma, geniais: *Trepide di prestigio, Autorevole e tanto disperso, Il maneggio per erti, senza sugo; Castelletti, regali, vedute; La forza grossa e varia; I boli (i baldi); Nell'insieme, nel pacco d'aria; Triste, attentissimo informarsi; Svenevole a intelligenza; Tranquillità e presto atroce; Gentile dovere di congedare vaghi; Le soglie tremolanti e nette; Basso come umido; L'anno d'aggiustature di morte; Il vuoto da vigore: l'agevole; Lo stupore nel risvegliarsi all'esempio.*

Os versos de Blotto mostram quase sempre uma desenfreada invenção verbal. A objeção de que ela é geralmente gratuita (o que a distingue da de Gadda) ameaça desabar diante da constância

♦ 177 ♦

UMBERTO ECO

com que, por milhares de páginas, o poeta inventa uma linguagem só sua, de demencial petulância inventiva: "La coscia d'asfalto, tutta un tigrizzo, un borotalco — fra gli squamosi prati un po' di lavagna — un cereo — distaccarsi forse con obnubilo, essere bene assenti ... Un Cristo asserellato — di buchi di pietre, di falenii mantidismi di scapole ...". O léxico de Blotto é feito de "sera cabonietta", de "bacolo di veemenza del meridione detestatore", de "unghiacce fiascate", de "pitturo magari vermicino di crocchio", de "scempiarmi a inentrarci", de "lincruste". Os versos são duros, pedregosos, a sintaxe árdua, a compreensibilidade nula (o que não seria de surpreender), a plausibilidade de difícil identificação. Mas por milhares, milhares e milhares de versos Blotto constrói seu mundo sobre o vértice daqueles precipícios bífidos nos quais de um lado está o gênio e de outro, a monomania. É um dos casos, pelo menos, em que a acumulação quantitativa produz uma suspeita de qualidade incompreendida.[5]

As loucuras dos especialistas

Por outro lado, nós somos severos com os loucos literários. Mas quantos, que hoje consideramos excelentes, não foram considerados loucos na época em que surgiram? Como apelo a um respeito maior pelos loucos literários, lembrarei alguns episódios históricos, aos quais foram dedicadas duas obras que considero fundamentais: *Rotten Rejections*, de André Bernard (Pushcart Press, 1990, depois republicado por Robson Books, 2005), e

---

[5]Nos últimos anos, de Blotto chegou-me ainda *La vivente uniformità dell'animale* (San Cesario, Manni, 2003), com prefácio de um crítico de fino palato como Stefano Agosti, que também recorda as apreciações de Solmi e Barberi-Squarotti.

◆ 178 ◆

A MEMÓRIA VEGETAL

Experts speak, de Christopher Cerf e Victor Navasky, traduzido em 1985 pela Frassinelli como *La parola agli esperti*.

"Talvez eu seja fraco de bestunto, mas não consigo entender como um senhor pode gastar trinta páginas para descrever como se mexe e se remexe na cama antes de pegar no sono." Com essa motivação, um leitor do editor Ollendorf rejeitou a *Recherche* de Proust.

Em 1851, *Moby Dick* foi recusado na Inglaterra com a seguinte avaliação: "Não achamos que possa funcionar no mercado da literatura para jovens. É longo, de estilo antiquado, e cremos que não merece a reputação de que parece gozar." Flaubert, em 1856, viu repelida sua *Madame Bovary* com esta carta: "Cavalheiro, o senhor sepultou seu romance num cúmulo de detalhes que são bem desenhados mas totalmente supérfluos." De Emily Dickinson, o primeiro manuscrito de poemas foi rejeitado em 1862 com: "Dúvida. As rimas estão todas erradas."

Quanto ao nosso século, eis alguns exemplos. Colette, *Claudine na escola*, 1900: "Não conseguiria vender nem dez exemplares." Henry James, *A fonte sagrada*, 1901: "Decididamente, dá nos nervos ... Ilegível. O sentido do esforço torna-se exasperante ao máximo grau. Não há história". James Joyce, *Dedalus*, 1916: "No final do livro tudo se desintegra. Tanto a escrita quanto as ideias explodem em fragmentos meio úmidos, como polvorim molhado." Francis Scott Fitzgerald, *Este lado do Paraíso*, 1920: "A história não chega a uma conclusão. Nem o caráter nem a carreira do protagonista parecem chegar a um ponto que justifique o final. Em suma, parece-me que a história não se conclui." Faulkner, *Santuário*, 1931: "Meu Deus, meu Deus, não podemos publicá-lo. Acabaremos todos na prisão."

♦ 179 ♦

George Orwell, *A revolução dos bichos*, 1945: "Impossível vender histórias de animais nos USA." Sobre *Molloy* de Becket, 1951: "Não faz sentido pensar numa publicação: o mau gosto do público americano não coincide com o mau gosto da vanguarda francesa." Para o *Diário de Anne Frank*, 1952: "Esta jovem não parece ter uma percepção especial, ou seja, o sentimento de como se pode levar este livro acima de um nível de simples curiosidade". Nabokov, *Lolita*, 1955: "Deveria ser contado a um psicanalista, o que provavelmente se fez, e foi transformado num romance que contém alguns passos de bela escritura, mas é excessivamente nauseante, até para o mais iluminado dos freudianos ... Recomendo sepultá-lo por mil anos." Joseph Heller, *Ardil 22*, 1961: "Realmente não consigo perceber o que esse homem queria fazer. Trata-se de um grupo de soldados americanos na Itália que vão para a cama com as mulheres um do outro e com algumas prostitutas italianas, mas sem que a coisa pareça interessante. Certamente o autor queria ser divertido, talvez faça sátira, mas não chega a divertir em nenhum nível intelectual. Tem dois achados, ambos péssimos, e volta a eles sem parar ... Um tédio sem fim."

H. G. Wells, *A máquina do tempo*, 1895: "Pouco interessante para o leitor comum e não suficientemente aprofundado para o leitor científico." *A boa terra*, de Pearl Buck, 1931: "Lamento, mas o público americano não está nem um pouco interessado em nada que se refira à China." Le Carré, *O espião que veio do frio*, 1963: "Convém dar-lhe o bilhete azul. Le Carré não tem futuro."

Para passar das avaliações editoriais à crítica militante, eis o que Eugène Poitou, na *Revue des deux mondes* de 1856, dizia de Honoré de Balzac: "Em seus romances não há nada que revele particulares

A MEMÓRIA VEGETAL

dotes imaginativos, nem a trama, nem os personagens. Balzac jamais ocupará um lugar de destaque na literatura francesa."

Quanto a Emily Brontë: "Em *O morro dos ventos uivantes*, os defeitos de *Jane Eyre* [da irmã Charlotte] são multiplicados por mil. Pensando bem, o único consolo que nos restará é o pensamento de que o romance nunca será popular" (James Lorimer, *North British Review*, 1849). Emily Dickinson: "A incoerência e a ausência de forma de seus poeminhas — eu não saberia definilos de outro modo — são pavorosas." (Thomas Bailey Aldrich, *The Atlantic Monthly*, 1892).

Thomas Mann: "*Os Buddenbrooks* não passam de dois volumões em que o autor conta histórias insignificantes de gente insignificante num estilo insignificante" (Eduard Engel, 1901). Herman Melville: "*Moby Dick* é um livro triste, deprimente, raso, até ridículo ... Além disso, aquele capitão doido é de um tédio mortal." (*The Southern Quarterly Review*, 1851). Walt Whitman: "Walt Whitman tem com a arte a mesma relação de um porco com a matemática" (*The London Critic*, 1855).

Passemos à música. Sobre Bach, Johann Adolph Scheibe afirmava no *Der critische Musikus*, 1737: "As composições de Johann Sebastian Bach são totalmente desprovidas de beleza, de harmonia e, sobretudo, de clareza." Louis Spohr comentava em 1808 a primeira execução da *Quinta* de Beethoven com: "Uma orgia de estrondo e de vulgaridade." Ludwig Rallstab (*Iris im Gabiete der Tonkunst*, 1833) dizia de Chopin: "Se ele tivesse submetido suas músicas ao juízo de um especialista, este as teria rasgado ... Seja como for, gostaria de fazer isso eu mesmo." A *Gazette Musicale de Paris*, 1853, escrevia que "o *Rigoletto* é carente no plano melódico. Essa ópera não tem nenhuma possibilidade de inserir-se no repertório." Por outro lado, *Amadeus* (comédia e filme) celebrizou o julgamento do imperador da Áustria após *As bodas de Fígaro* de Mozart: "Tem notas demais."

Quanto às artes plásticas, temos Ambroise Vollard (comerciante de arte célebre pelo seu faro), que em 1907 liquidava *Les demoiselles d'Avignon* de Picasso com: "É a obra de um doido." Não me estenderei sobre um certo Hunt que, no início do século XIX, dizia que Rembrandt não era nem de longe comparável a Rippingille (advirto que os senhores têm a obrigação de saber quem era), assim como sobre um cavalheiro um pouco mais conhecido do que Hunt e Rippingille, ninguém menos que William Blake, o qual afirmava: "Não vejo razão para mencionar Ticiano e os vênetos quando se fala de pintura. São uns idiotas, e não artistas." Mas aqui entramos na área da incompreensão entre gênios, e bastarão poucos exemplos. Émile Zola, por ocasião da morte de Baudelaire, necrologizava: "Dentro de cem anos *Les fleurs du mal* serão lembradas apenas como uma curiosidade." Não satisfeito por ter rasgado Baudelaire, Zola dizia de Cézanne: "Pode até ter tido dotes de grande pintor, mas faltou-lhe a vontade para tornar-se um." No *Diário de Virginia Woolf*, lê-se: "Acabo de ler o *Ulysses* e o considero um insucesso ... É prolixo e desagradável. É um texto rústico, não só no sentido objetivo, mas também do ponto de vista literário." Tchaikovski, em seu diário, escrevia sobre Brahms: "Estudei longamente a música daquele tratante. É um bastardo, desprovido de qualidades." A um colecionador, Degas aconselhava, a propósito de Toulouse-Lautrec: "Compre uns Maurins! Lautrec é ligado a uma época!" Manet, sobre Renoir, dizia a Monet: "Aquele rapaz não tem o mínimo talento."

A MEMÓRIA VEGETAL

Passemos ao *show business*. Irving Thalberg, dirigente da Metro, em 1936 dissuadia alguém de adquirir os direitos de ...*E o vento levou* dizendo que "nenhum filme sobre a guerra civil rendeu jamais um centavo"; e Gary Cooper, depois de recusar o papel de Rhett Butler, comentava: "...*E o vento levou* será o fiasco mais clamoroso da história de Hollywood. Muito me alegra que quem terá problemas vai ser Clark Gable, e não Gary Cooper." Por outro lado, após um teste de Clark Gable em 1930, Jack Warner dizia: "O que eu vou fazer de um sujeito com semelhantes orelhas?" E um dirigente, ainda da Metro, sobre um teste de Fred Astaire, em 1928: "Não sabe representar, não sabe cantar e é careca. Só se arranja um pouquinho com a dança." O que, afinal, pensando bem, não estava totalmente incorreto. Mesmo assim, era um erro.

O que nos impressiona nessas histórias é que se trata de avaliações contemporâneas, feitas no calor dos fatos. Como para nos avisar que convém deixar as obras de arte em repouso, como os vinhos.

Elogio da incongruência

Com isso não quero insinuar que devemos então revisitar todas as obras dos Loucos Literários para descobrir talentos ocultos. O bom dos catálogos de antiquários, para voltar a eles, é que nos falam de um passado sobre o qual já agiram muitos filtros. Em contraposição, o que se deve salvar, nesta leitura dos *Varia et Curiosa*, é o sabor que eles têm de lista incongruente, na qual, como numa página de Rabelais, um tratado sobre a masturbação aparece ao lado de uma especulação sobre o sexo dos anjos.

Certa vez, numa das minhas *Bustine di Minerva*, concedi-me uma lista incongruente e, não recordo com que propósito, arrolei, entre os presumivelmente desinteressados pela Academia dos Linces, tecelões, funileiros, viticultores à base de metanol, agiotas, agentes secretos, industriais do vergalhão, garagistas, doentes em coma profundo, salsicheiros, trabalhadores sustentados pelo seguro-desemprego, moradores de favelas, mártires, virgens, confessores, primeiros-sargentos e alguns parlamentares. Então recebi uma carta, arguta e cortês, embora anônima, de um primeiro-sargento da ativa, que listava com muita doutrina os argumentos que um primeiro-sargento conhece, lembrando que muitos sargentos têm cultura universitária. Tratava-se de um belo caso de suscetibilidade de categoria. Respondi esclarecendo que em minha lista eu não tinha usado artigos definidos, e portanto não afirmava que todas as virgens e todos os confessores (e sequer todos os sargentos) ignoravam os Linces, mas só alguns deles. Por fim, expliquei que o meu era um exemplo de lista incongruente, técnica usada por Borges, por exemplo, com aquela sua lista que dividia os animais em: pertencentes ao Imperador; embalsamados; amestrados; leitõezinhos; sereias; fabulosos; cães em liberdade; incluídos na presente classificação; que se agitam como loucos; inumeráveis; desenhados com um fino pincel de pelos de camelo; *et cetera*. A lista incongruente produz efeito justamente por ser incongruente, isto é, põe em relação categorias que não poderiam estar juntas. Muitas vezes, sua função é a de substituir a expressão "as coisas mais variadas".

Por outro lado, nenhuma lista incongruente é verdadeiramente incongruente, se for escolhido o critério adequado ao conjunto. Pense-se nesta lista: "um canguru, um primeiro-sargento italiano, Totò, Pio XII, Cavour, minha avó, Ana Bolena, Craxi, Padre Pio e o monstro de Scandicci". Parece incongruente, mas

A MEMÓRIA VEGETAL

arrola uma série de indivíduos que não estavam em Hiroshima em 1945. Outra lista: "filhotes de cuco, capatazes, garotas *au pair*, paguros, ciganos, enviados especiais, vermes solitários, embaixadores, mafiosos desterrados, missionários, condenados à prisão perpétua". Eis uma série de pessoas ou animais que por definição não moram em casa própria.

O que esta minha reflexão sobre a lista incongruente tem a ver com o assunto deste ensaio? Em princípio, e sob o ponto de vista do bom senso, nada, e isso faria parte da técnica da incongruência. Mas tem a ver, sim, porque a exploração dos *Varia et Curiosa* nos convida a saborear o fascínio da incongruência — e faz palpitarem nossas Glândulas Surreais.

Sobre as Glândulas Surreais, a propósito, já me vem à mente que alguém poderia escrever e publicar um excitante tratado a ser inserido no próximo catálogo de *Varia et Curiosa*. Passo a ideia ao Louco da vez e retorno, com algum pesar, à penúria da minha sensatez cotidiana.

Conferência pronunciada na Biblioteca Nazionale de Nápoles em 18 de janeiro de 2002, mais tarde publicada com o mesmo título em *L'Esopo*, 89-90, 2002.

A OBRA-PRIMA DE UM DESCONHECIDO

Termos como paratexto, epitexto e peritexto pertencem ao discurso semiótico contemporâneo e como tais foram difundidos e impostos por Gérard Genette, em *Seuils*.[1] Mas a "coisa em si" que está por trás desses nomes é bem mais antiga, ou melhor, contemporânea do nascimento do livro.

Em termos simples, se num veículo-livro (enquanto objeto físico feito de material cartáceo) aparece um texto, digamos *I promessi sposi*, que começa com "Quel ramo del lago di Como" e termina com "credete que non s'è fatto apposta", o paratexto é tudo aquilo que (geralmente impresso, mas nada exclui que possa manifestar-se também de outro modo — e hoje poderia ser um disquete anexado) vem antes, depois e em torno do texto.

Será *peritexto* todo o material que aparece fisicamente conexo ao veículo-livro, como o frontispício, o colofão, as introduções, as dedicatórias, os prefácios e posfácios, a orelha, a própria encadernação ou a sobrecapa, e assim por diante; e será *epitexto* aquilo que se coloca externamente ao veículo-livro mas se refere diretamente a ele, como os comunicados à imprensa, as anteci-

---

[1] G. Genette, *Soglie*, Turim, Einaudi, 1989.

pações, as resenhas e — para usar dois termos ingleses que distinguem melhor o que o italiano não distingue — tanto o *advertising* (inserção publicitária paga) quanto a *publicity*, ou seja, o "rumor" que o editor consegue obter em torno do livro, como por exemplo as entrevistas com o autor, os pareceres solicitados a outros, as polêmicas e até os relatos sobre noites de apresentação e discussão da obra.

Deixo de lado alguns interessantes quesitos teóricos, tais como se o título deve ser considerado paratexto ou se faz parte integrante do texto — visto que, se *Ulisses* se intitulasse *A New Iliad*, faríamos dele uma leitura totalmente diversa. Por outro lado, muitas intervenções peritextuais, em particular as introduções, podem mudar nosso modo de entender uma obra. Na verdade, o objetivo de todo aparato paratextual sempre foi o de orientar a leitura do texto, ou mesmo induzir o leitor a encará-lo com simpatia, interesse, e consciente do valor e da importância dele.

De fato, enquanto, no campo epitextual, podem ocorrer intervenções contrárias ao texto (como as resenhas negativas), não se conhecem aparatos peritextuais dedicados a alertar o leitor para o fato de que o texto por ele acompanhado é indigno de consideração, péssimo e ilegível (tanto no sentido de que não se pode compreendê-lo quanto no de que não se deve lê-lo em absoluto — e não sei se vale a pena cunhar, para este último caso, os termos *illegendo* ou *illegituro*). No máximo, um peritexto (digamos que seja a introdução a uma edição crítica em hebraico de *Mein Kampf*) pode orientar o leitor a ler com cautela e desconfiança, considerando o texto como típico exemplo de delírio racista, mas não lhe diz nunca que ele não deve lê-lo, do contrário o livro não teria sido publicado.

A MEMÓRIA VEGETAL

Nesse sentido, o aparato paratextual sempre existiu, até mesmo quando os incunábulos não tinham frontispício, porque sempre traziam *incipit* de certo modo explicativos, ou introduções de algum tipo, para não falar de um colofão extremamente detalhado. Não só isso: nos séculos passados, grande parte daquilo que hoje seria epitexto confluía diretamente no peritexto, e a obra se abria com anterrosto (que pretendia ser uma introdução alegórica para ela), retrato do autor, textos de outras pessoas elogiando-o, frontispícios que celebravam em todos os sentidos as características e virtudes da obra.

Tais excessos paratextuais foram particularmente típicos das edições entre os séculos XVI e XVIII — com picos vertiginosos no século XVII — e existe a respeito uma ampla literatura, mas vale a pena citar pelo menos um frontispício por século, para lembrar como sintetismo e modéstia não eram virtudes dos autores daquelas épocas:

Ptolomeu, Claudio

La Geografia, Di Clavdio Tolomeo Alessandrino, Nouamente tradotta di Greco in Italiano, di Girolamo Rvscelli, Con Espositioni del medesimo, particolari di luogo in luogo, & uniuersali sopra tutto il libro, e sopra tutta la Geografia, ò modo di far la descrittione di tutto il mondo. Et con nuoue et bellissime figure in istampe di rame, oue, oltre alle XXVI antiche di Tolomeo, se ne son aggiunte XXXVI altre delle moderne. Con la carta da nauigare, & col modo d'intenderla, & d'adoperarla. Aggiuntoui vn pieno discorso di M. Gioseppe Moleto Matematico. Nel quale si dichiarano tutti i termini & le regole appartenenti alla

♦ 189 ♦

Geografia. Et con una nuoua & copiosa Tauola di nomi antichi, dichiarati co i nomi moderni, & con moltre altre cose vtilissime & necessarie, che ciascuno leggendo potrà conoscere. In Venetia, Appresso Vincenzo Valgrisi, MDLXI.

Knorr von Rosenroth, Christian

Kabbala denudata seu Doctrina Hebraeorum Transcendentalis et Metaphysica Atqve Theologica. Opus Antiquissimae Philosophiae Barbaricae variis speciminibus refertissimum, In Qvo Ante ipsam Traslationem Libri difficillimi atq; in Literatura Hebraica Summi, Commentarii nempe in Pentateuchum, & quasi totam Scripturam V.T. Cabbalistici, cui nomen Sohar, Tam Veteris, quam recentis, ejusque Ṭikkunim seu Supplementorum tam Veterum, quam recentiorum praemittitur Apparatus, Cujus Pars prima continet Locos Communes Cabbalisticos, secundum ordinem Alphabeticum concinnatos, qui Lexici Cabbalistici instar esse posunt: Opusculum in quo continentur I. Clavis ad Kabbalam antiquam: i.e. Explicatio et ad debitas Classes Sephiristicas facta distributio omnium Nominum et cognominum divinorum e Libro Pardes. II. Liber Schaare Orah, seu Porta Lucis ordine Alphabetico propositus, maxime inter Hebraeos auctoritatis. III. Kabbala recentior, seu Hypothesis famigeratissimi illius Cabbalistae R. Jizchak Lorja Germani ex Manuscripto latinitate donata. IV. Index plurimarum materiarum Cabbalisticarum in ipso Libro Sohar propositarum. V. Compendium Libri Cabbalistico — Chymici, Aesch-Mezareph dicti, de Lapide Philosophico, &c. Pars secunda vero constat e Tractatibus variis, tam didacticis, quam Polemicis, post illius titulum

A MEMÓRIA VEGETAL

enumeratio. Partium autem seq. tituli suis Tomis praemittentur: Adjectusque est Index Latinus, et Locorum Scripturae, insolita et rariore explicatione notabilium. Scriptus omnibus Philologis, Theologis omnium Religionum atq; Philochymicis quam utilissimum. Sulzbaci, Typis Abrahami Lichtenhaleri MDCLXXVI.

Trismosin, Salomon

Avrevm vellvs Oder Guldin Schatz und Kunst-Kammer, Darinnem der aller furnemisten, fürtreffenlichsten, ausserlesenesten, herrlichsten und bewehrstesten Auctorum Schrifften und Bücher, auss dem gar uralten Schatz der uberblibnen, verbognen, hinderhaltenen Reliquien und Monumentem der Aegyptiorum, Arabum, Chaldeorum & Assyriorum Köingen und Weysen. Von Dem Edlen, hocherleuchten, fürtreffenlichsten, bewehrten Philosopho Salomone Trismosino (so dess grossen Philosophi und Medici Theophrasti Paracelsi Praeceptor gewesen) in sonderbare underschiedliche Tractätlein disponiert, und in das Teutsch gebracht. Sampt anderen Philosophischen alter und newer Scribentem sonderbaren Tractätlein, alles zuvor niemalen weder erhörtnoch gesehen, wie der Catalogus gleich nach der Vorrede zuverstehen gibt. Durch einen der Kunstliebhabern mit grossen Kosten, Mühe, Arbeyt und Gefahr, die Originalia und Handschriften zusammen gebracht, und auffs trewlichest und fleissigt an Tag geben. Vormahls gedruckt zu Korschach am Bodensee, Anno MDXCVIII. und zu Basel 1604, in fünff verschiedenen Tractaten; isso aufs neuen auffgelegt und in ein Volumen gebracht. Hamburg, bey Christian Liebezeit, in der St. Joh. Kirch 1708.

UMBERTO ECO

É singular que, em todo o *Seuils* de Genette, nunca seja mencionado Thémiseul de Saint-Hyacinthe, ou seja, Hyacinthe Cordonnier, ou seja, Chrystostome Matanasius ou Mathanasius (1684-1746), porque seu *Le chef-d'oeuvre d'un inconnu* parece feito deliberadamente para demonstrar o que são peritexto e epitexto, frontispício e anexos, nome do autor, lugar, destinatários, função, dedicatórias, dedicadores e dedicatários, epígrafes, epigrafadores e epigrafados, avisos sobre a novidade, importância, veracidade, indicações de contexto e declarações de intenção, prefácios, posfácios, notas, colóquios, debates, autocomentários tardios, declarações de acréscimos e eliminações — e assim por diante, naturalmente em chave parodística.

Thémiseul de Saint-Hyacinthe não ocupa grande espaço nas histórias da literatura e do pensamento (quando não está totalmente ausente), e dele só costumam ocupar-se alguns especialistas, livreiros antiquários e caçadores de obras excêntricas.[2] De 1718 a 1720 foi diretor de um periódico, *L'Europe savante*, que publicou um *Recueil de divers écrits sur l'amour et l'amitié* (Paris, Pissot, 1736), em 1720 traduziu *Robinson Crusoe* para o francês,

---

[2]Ver por exemplo Petzel, Anic, *Thémiseul de Saint-Hyacinthe (1684-1746): Studien zum Werke eines Friihaufklärers*, Berlim-Nova York, Peter Lang, 1994; Gaillard, Aurélia, "Le Chef-d'oeuvre d'un inconnu de Thémiseul de Saint-Hyacinthe (1714): folie raisonnante", *in* René Démoris e Henri Lafon (ed.), *Folies romanesques au Siècle des lumières*, Paris, Desjonquères, 1998, p. 275-293; Lelouch, Claire, "Le péritexte au service de la formation des esprits: l'exemple du Chef-d'oeuvre d'un inconnu de Saint-Hyacinthe (1714)", *Littératures classiques*, 37, outono 1999, p. 185-199; Méchoulan, Éric, "Les deux vies de Saint-Hyacinthe: dans les marges du Dr Mathanasius", *Tangence*, 57, maio 1998, p. 23-39. Ver também Cioranescu, Alexandre, *Bibliographie de la littérature française du dix-huitième siècle*, 3. vol., Paris, CNRS, 1969.

A MEMÓRIA VEGETAL

com um frontispício suficientemente detalhado,[3] era autor de um romance, que até hoje aparece nas bibliografias de *"erotica"*,[4] assim como de alguns textos filosóficos,[5] viu serem-lhe atribuídas obras certamente não suas[6] e teve uma feroz polêmica com Voltaire, que havia sido seu amigo.[7]

De um polígrafo tão bizarro só podia mesmo vir a obra da qual estamos falando, e da qual transcrevo o frontispício da primeira edição de 1714:

> *Le chef-d'oeuvre d'un inconnu. Poëme heureusement découvert & mis au jour avec des remarques savantes & recherchées, par M. le Docteur Christostome Matanasius.*

---

[3]Defoe, Daniel, *La vie et les avantures surprenantes de Robinson Crusoe, contenant entre autres evenemens, le sejour qu'il a fait pendant vingt & huit ans dans une isle deserte, situee sur la Cote de l'Amerique, pres de la grande riviere Oroonoque. — La vie et les avantures surprenantes de Robinson Crusoe. Contenant son retour dans son isle, & ses autres nouveaux voyages. — Reflexions serieuses et importantes de Robinson Crusoe, faites pendant les avantures surprenantes de sa vie. Avec sa vision du monde Angelique.* Amsterdã, Honoré et Chatelain, 1720-1721.

[4]*Histoire du Prince Titi*, Bruxelas, François Foppens, 1736. (Do mesmo ano, há também uma edição parisiense.)

[5]Por exemplo *Recherches philosophiques sur la nécessité de s'assurer par soi-même de la vérité*, Londres, Jean Nourse, 1743.

[6]Por exemplo *Les Aventures de Pomponius chevalier Romain, ou l'Histoire de notre Tems*, A Rome, chez les Héritiers de Ferrante Pallavicini [Hollande, à la Sphère], 1724; obra igualmente atribuída aos beneditinos Lobineau e Lefevre, provavelmente de Labadie, também beneditino, ajudado por Prévost. Por outro lado, já o nome fictício do editor, com suas conotações libertinas, faz-nos duvidosos de toda a coisa. Outro livrinho atribuído a ele foi *Pensées secrètes et observations critiques attribuées à feu M. de Saint-Hyacinthe*, Londres, 1769 (com rumores sobre uma primeira edição de 1735, da qual não se encontram rastros).

[7]Cf. Carayol, Elisabeth, "Thémiseul de Saint-Hyacinthe, 1684-1746", *Studies on Voltaire and the Eighteenth Century*, vol. 221, Oxford, 1984.

♦ 193 ♦

UMBERTO ECO

The Hague (i.e. Rouen). Au dépens de la Compagnie, 1714.
Duas partes em um volume 8º (ou 12º), [26 folhas não numera-
das com retrato], 195 pp.; [2 folhas não numeradas], 50 pp., [16
folhas não numeradas]

O trabalho em si já seria um exemplo de elefantíase paratextual, porque a obra-prima publicada é uma cançoneta popular de uns quarenta versos, totalmente irrelevante, e da qual cito
apenas o início, justamente para mostrar sua irrelevância:

L'autre jour COLIN malade
Dedans son Lit,
D'une grosse maladie
Pensant mourir,
De trop songer à ses Amours
Ne peut dormir;
Il veut tenir celle qu'il aime
Toute la nuit.

Sobre esses poucos versos o autor monta inicialmente um
aparato crítico de cerca de duzentas páginas, com as remissões
intertextuais mais variadas, enfrentando a polêmica entre os
Antigos e os Modernos, tratando grotescamente o seu texto como
se fosse obra excelsa, não se negando nenhuma exibição erudita.
Isso já seria o bastante para ver no *Chef-d'oeuvre* uma bela paródia da crítica douta e, diríamos até, do excesso de paratexto sobre o texto, se o texto parodisticamente relevante não fosse
justamente o aparato crítico, texto à segunda potência, do qual
os quarenta versos — objeto do comentário — são apenas o pre-
texto. Mas não é só.

◆ 194 ◆

A MEMÓRIA VEGETAL

Para folhear o livro e analisá-lo com exatidão, atenho-me à quarta edição de 1716 — pela qual fica evidente que no período de dois anos já tinham saído outras duas edições, das quais não tenho notícia. Eis o que diz o frontispício:

> *Le chef-d'oeuvre d'un inconnu. Poème heureusement découvert & mis au jour, avec des Remarques savantes & recherchées par le Docteur Christostome Matanasius. On trouve de plus une Dissertation sur Homere & sur Chapelain; deux Lettres sur des Antiques, & plusieurs autres choses non mons agréables qu'instructives. Quatrième édition revue, corrigée, augmentée, & diminuée.*

A La Haye: Chez Pierre Husson, Anno AE V DCCXVI.

12º, 5 folhas numeradas, 3 folhas não numeradas, retrato, 25 folhas numeradas irregularmente, estampa dobrada com partitura musical, segundo retrato, 322 pp., com outra estampa dobrada representando um vaso, 4 folhas não numeradas com a *Table des matières*.

Como se vê, na quarta edição (na qual também colaboraram amigos como W. J. Gravesande, A. H. de Sallengre, Prosper Marchand e Justus Van Effen) o livro já passou de 333 a 394 páginas. Mas seu sucesso, ou a meticulosidade do autor e dos seus parceiros, não dão trégua ao leitor. Após uma edição de 1728, eis que a de 1732 se apresenta em dois volumes, com 620 páginas ao todo; a edição 1745 é de 619 páginas, a 1758 é de 634 páginas, e assim por diante, até a edição 1807, na qual se insere até um texto de polêmica com o *Chef-d'oeuvre*, de um certo Anon,

♦ 195 ♦

UMBERTO ECO

L'Anti-Mathanase, ou Critique du chef-d'oeuvre d'un inconnu. Le tout critiqué dans le goût moderne, Utrecht, Aux depens de l'éditeur 1729. Por outro lado Quérard, em suas *Supercheries littéraires* (col. 1073),[8] relata vários exemplos de "matanasiana", isto é, de proliferações do personagem inventado por Saint-Hyacinthe, entre os quais o caso mais conhecido talvez seja a "Relation de ce qui s'est passé au sujet de la reception de Messire Christophile Mathanasius de l'Académie Françoise", que aparece no *Dictionnaire néologique* de Desfontaines (aliás, outro belo exemplo de malignidade literária e de inimizade contra o mesmo Voltaire).[9] Mas Quérard também cita uma *Chanson d'un inconnu ... par le docteur Christophe Mathanasius, sur l'air des pendus,* Turim (Rouen), Alétophile, 1732, e *Voyage de Mathanasius à la tour de son église,* Paris, Delaforest, 1828.

Voltemos, porém, à edição 1716 — e refiro-me a esta não porque seja a *editio princeps,* mas simplesmente porque é a que possuo. Começa com um aviso (falso) de que as erratas estarão no final do livro, depois seguem-se duas ou três cartas de Approbation, obviamente burlescas, assinadas por improbabilíssimos teólogos (e datadas de Calif City ou Molinople). Vem então uma

---

[8]Para uma edição moderna: *Les Supercheries littéraires dévoilées. Galerie des écrivains français de toute l'Europe qui se sont déguisés sous des anagrammes, des astéronymes, des cryptonymes, des initialismes, des noms littéraires, des pseudonymes facétieux ou bizarres ...* Paris, Maisonneuve & Larose, 1964, 3 vol. Ver também Brunet (G.), *Supplément aux Supercheries littéraires dévoilées et au Dictionnaire des ouvrages anonymes de J.-M. Quérard et A.-E. Barbier,* Paris, Maisonneuve & Larose, 1964.
[9](Desfontaines, Abbé Pierre François Guyot), *Dictionnaire néologique à l'usage des Beaux-Esprits du Siècle,* Paris, Lottin, 1726. A "Relation" vem inserida a partir da terceira edição, mas aparece em Paris, 1721 (cf. Fernand Droujon, *Les livres à clef,* Paris, Rouveyre, 1888, col. 35), embora, citando a mesma edição, Quérard anote: "douteux".

◆ 196 ◆

A MEMÓRIA VEGETAL

série de poemas em louvor ao pseudo autor Chrisosthome Matanasius, o primeiro em hebraico, com tradução ao lado, o segundo em grego, o terceiro em latim, o quarto em inglês, o quinto em flamengo, o sexto e o sétimo em francês.

Depois do retrato de Matanasius vêm uma carta dedicatória do próprio Matanasius a "Monsieur..." e um prefácio (datado de 12 de outubro de 1715, em Pédantstadt) no qual se discutem os consensos recebidos pelas edições precedentes e se publicam cartas de leitores entusiastas. Passa-se então ao prefácio da primeira edição, seguido de uma longa lista de livros e personagens aos quais se faz referência no comentário que se seguirá (divindades pagãs, Nações e Sociedades, Autores louvados, outros autores evidentemente não louvados, semideuses, heróis etc.).

Seguem-se uma Epístola em versos e uma Ode ao doutor Mathanasius (desta vez com H), assim como uma série de testemunhos de cartas e resenhas, em francês e em flamengo. Finalmente, depois da estampa musical, eis a primeira estrofe da obra-prima e o comentário, do qual obviamente não se pode fazer um resumo, porque qualquer síntese reduziria aquela lutulência que — seja oximoro ou aliteração, são permitidos — constitui sua quintessência.

O comentário vai da página 1 à página 253. Começam então os *addenda*, entre os quais uma dissertação sobre Homero, de um anônimo, obviamente precedida de um "Avis au Lecteur", uma Carta de Mr. De la Roque, um Juízo de Reverendos Padres, a Resposta a Mr. De la Roque, uma carta de Monsieur Chrisologos Carítides a Monsieur le professeur Burmandiolus, além de "Remarques et Diverses Leçons", seguidas finalmente por uma ampla "Table des matières".

♦ 197 ♦

Na edição 1728 vem acrescentada uma carta a Monseigneur le Duc D. Na 1732 aparece uma "Déification de l'incomparable Docteur Aristarchus Masso" (ácido ataque a Voltaire), na edição 1745 se introduzem "deux lettres sur des antiques; la préface de Cervantes sur l'histoire de D. Quixotte de la Manche; ... & plusieurs autres choses non moins agréables qu'instructives".[10]

Onde encaixar o doutor Matanasius? As grandes bibliografias oitocentistas, como as de Brunet e Graesse, ignoram-no (somente Brunet faz um rápido aceno, na edição 1807), e é significativo que Matanasius ou Cordonnier ou Saint-Hyacinthe ou seja lá como se queira chamá-lo não apareça nas grandes coletâneas dedicadas aos "fous littéraires".[11]

Por que nenhum dos bibliógrafos da demência e da incontinência cita o incontinente Saint-Hyacinthe, se, segundo uma definição de Nodier,[12] entende-se por livro excêntrico "un livre qui

---

[10]De qualquer modo, para ter uma ideia dos vários textos, vejam-se duas edições modernas, *Le Chef-d'oeuvre d'un inconnu*, Texte établi, présenté et annoté par Jean Lebois, Avignon, Aubanel, Bibliothèque d'un Homme de Goût, 1965, e *Le chef-d'oeuvre d'un inconnu/Thémiseul de Saint-Hyacinthe*, organizado por Henri Duranton, Lyon, Centre Régional de Publication de Lyon, 1991.

[11]Cf. *L'histoire littéraire des fous* de Delepierre, 1860, *Les fous littéraires du Quercy*, de Louis Greil, 1866, *De quelques livres excentriques*, de Charles Nodier, 1835, *Histoire littéraire des fous*, de Octave Delepierre, 1860, *Les fous littéraires*, de Yvan Tcherpakoff, 1883, *Gens singuliers*, de Lorédan Larchey, 1867, *Les cris de Paris*, de Victor Fournel, 1887, *Les fous littéraires*, de Philomneste Junior (pseudônimo de Gustave Brunet), Bruxelas, 1880, *La folie et les fous littéraires en Espagne (1500-1650)*, de Martine Bigeard (Paris, Centre de Recherches Hispaniques, 1972), *Aux confins des ténèbres. Les fous littéraires du XIXᵉ siècle*, de Raymond Queneau (Paris, Gallimard, 2002), *Les fous littéraires*, de André Blavier (Paris, Veyrier, 1982). Veja-se a respeito a palestra de Pierre Popovic no colóquio internacional "Illégitimité culturelle et marginalités littéraires (1715-1914). Modes et représentations", Paris, maio de 1998.

[12]*Bibliographie des fous: de quelques livres excentriques*, 1935. Hoje, Paris, Éditions des Cendres, 2002.

A MEMÓRIA VEGETAL

est fait hors de toutes les règles communes de la composition et du style, et dont il est impossible ou très difficile de deviner le but, quand il est arrivé par hasard que l'auteur eut un but en l'écrivant"?

A razão me parece a mesma pela qual, em contraposição, o nosso autor é citado nas *Supercheries littéraires* de Quérard, que não se ocupa de loucos inocentes, mas de autores que "se dão bem", ou seja, de plagiários, apócrifos e organizadores de fraudes editoriais. Portanto, se o imaginário doutor Matanasius podia ser considerado um louco literário, o verdadeiro senhor de Saint-Hyacinthe não o era, mas sim, e com muita lucidez, fazia crítica da cultura, ou das modas culturais do seu tempo. No fundo, queria demonstrar que os loucos literários eram os outros.

Ao fazer isso — sem saber que a editoração dos séculos subsequentes iria enfatizar e elefantizar cada vez mais a dimensão epitextual —, Saint-Hyacinthe lança ainda hoje uma sombra de suspeita sobre o "burburinho" artificial que circunda todo livro, ensurdecendo-nos a tal ponto que muitas vezes nos exime de ler o texto.

Saint-Hyacinthe até nos ofereceu, com antecipação, um livro, percorrível só a golpe de vista e superficialmente, que permite inclusive não ler nem epi nem peritexto.

Isso deveria candidatá-lo ao nosso agradecimento.

Publicado em *Almanacco del Bibliofilo 2005*, como diferente versão do ensaio "Para Peri Epi e arredores, em um falso do século XVIII", *Paratesto*, I, 2004.

HETEROTOPIAS
E FALSIFICAÇÕES

A PESTE DO TRAPO

A *peste do trapo* começou a tumultuar o mundo dos colecionadores por volta de 2080. Uma bactéria de origem incerta, talvez proveniente de alguma remota região asiática (o *Comestor sinensis lintei*), passou a difundir-se pelo mundo ocidental, afetando toda folha de papel de trapos, ou seja, todo livro produzido desde o tempo de Gutenberg até meados do século XIX, quando havia entrado em uso o papel obtido a partir da celulose. Uma notável zombaria da sorte, porque até então o que se considerava perecível num arco de setenta anos era o papel originado da madeira, enquanto o que se supunha imperecível (e a justo título) era o papel produzido com trapos.

Mas, já desde bem antes, editores de todo o mundo vinham confeccionando livros valiosos sobre *acid free paper*, e o papel feito da madeira se afirmava como bastante capaz de sobreviver ao decorrer dos anos, desafiando o fresco e crepitante suporte dos mais frescos incunábulos. Em 2080, porém, a situação se invertia por completo: não somente o papel vindo da madeira se tornava imune ao tempo, como também aquele que constituía a glória dos impressores dos séculos precedentes, nas bibliotecas de todo o mundo civil, pulverizava-se literalmente sob a ação funesta do *Comestor sinensis*.

♦ 203 ♦

UMBERTO ECO

As primeiras vítimas tinham sido todas as cópias da *Hypnerotomachia Poliphili*: após uma gradativa corrosão, as folhas transformavam-se em teias sutilíssimas, e, por fim, aquelas páginas inestimáveis se dissolviam no nada. Pouco valeram os esforços dos químicos, e até a miseranda tentativa de salvamento anastático havia começado com atraso, quando os livros já estavam seriamente danificados. Já no período de dez anos, a nova edição Adelphi do *Polifilo*, àquela altura avaliada em mil *globol*, vale dizer, cerca de um milhão de dólares do século XX, mostrava páginas quase reticuladas, com perda de pelo menos metade das letras.

Pouco a pouco as Crônicas de Nuremberg, os Suplementos de Foresti, as primeiras edições de Tasso, ou de Ariosto, os infólio shakespearianos de 1623, todas as coleções da *Encyclopédie* vagavam, transfigurados em nuvens alvacentas, pelas salas agora desertas das maiores bibliotecas do mundo, ao longo de paredes atônitas que fitavam aquele bruxuleio mortífero com os grandes olhos vazios de suas estantes despojadas de qualquer tesouro.

Sem sequer mencionar a perda cultural, não era desprezível o imediato contragolpe econômico daquele desastre. Como nos meses mais sombrios da crise de 1929, agora podiam-se discernir os herdeiros dos Kraus vendendo maçãs na esquina da Fifth Avenue, Bernard Clavreuil a vagar ao longo do Sena, recolhendo miolos de maçãs nos latões de lixo, Lord Parmoor e todo o *staff* de Quaritch circulando macilentos pelos piores subúrbios de Londres, em meio à chuva fina, ao nevoeiro e às lufadas de antracita queimada, com uma cartola amarfanhada e um velho casacão entremeado de sórdidos remendos, um menino enfermiço pela mão, recorrendo à misericórdia de transeuntes apressados e distraídos como Uncle Scrooge na noite de Natal. O único a sal-

◆ 204 ◆

A MEMÓRIA VEGETAL

var-se com dignidade tinha sido Mario Scognamiglio, que iniciara uma venda a varejo de tortas napolitanas, produzidas especialmente por um padeiro de Rogoredo.

Em uma década, porém, tanto os colecionadores quanto os livreiros já se haviam recuperado do golpe, impelidos por sua necessidade anal de acumulação, os primeiros, e por uma sensata *auri sacra fames*, os segundos. O mercado se reorganizara em torno do livro de modernariato, desde as edições cartonadas de Jules Verne e de *Sans Famille* até obras mais recentes, que se tornavam peças de antiquariato um ano após a publicação (inclusive considerando-se que, com o triunfo da Internet e do livro eletrônico, os livros impressos eram agora produzidos em tiragens limitadíssimas para aficionados, ou só para leitores alérgicos ao silício).

Uma coletânea de poemas do célebre Annibale Rossi, um romance de John Smith, uma seleção de epigramas de Brambilla, os ensaios de Pautasso, a *opera omnia* de Romoletto Pizzigoni ou de Salvatore Esposito eram avaliados em muitas dezenas de milhões, para não falar de um canibal dos anos 90 do século XX, que havia sido comprado pela Christie's por três milhões de dólares e arrematado por um banco japonês.

Tratava-se, naturalmente, de exemplares não autografados pelo autor. De fato, em mais uma inversão de qualquer antiga lei do mercado antiquário, agora eram particularmente valorizadas as *non-association copies*. Enquanto, para as obras dos séculos precedentes, um Kircher com a dedicatória manuscrita *Donum Authoris* era considerado *scarce* ou *d'insigne rareté*, e um Cordelli com dedicatória a Enzo Siciliano era até desejado, com as novas peças de antiquariato estava ocorrendo o contrário. Sabe-se efetivamente que, desde meados do século XX, um autor não podia publicar um livro sem ver-se envolvido na seguinte série de operações: (1) assinatura, no escritório do editor, de pelo menos cem exemplares para a imprensa (livros recebidos), resenhistas e *opinion leaders*, um para cada membro da Academia Real da Suécia, cada votante do Strega, cada jurado do Viareggio, mais algumas centenas de exemplares a distribuir a torneiros ou operadores ecológicos das Três Venezas, que poderiam tornar-se jurados populares do Campiello; (2) numerosas sessões em livrarias das cem cidades da Itália a fim de autografar exemplares para o público presente; (3) assinatura de alguns milhares de exemplares junto aos livreiros, que depois os vendiam por baixo do pano e com ágio aos clientes mais aficionados, assegurando que se tratava de um *unicum*. Em suma, praticamente a tiragem inteira do livro era autografada pelo autor.

Mesmo considerando que, em geral, críticos, jornalistas, jurados e amigos que recebem um livro autografado jogam o volume no lixo, ou o doam às prisões (onde as páginas são usadas para enrolar cigarros de maconha) e aos hospitais (onde ele acaba devorado pelos camundongos que vicejam nesses lugares), de qualquer modo os exemplares em circulação de um livro autografado eram sempre numerosos o suficiente para depreciar-lhes o valor e excluí-los do mercado de livros raros.

A caça deslocava-se então para os pouquíssimos exemplares que *não* trouxessem vestígio de "associação". Já em 2091, Fiammetta Soave colocava em catálogo o poemeto *A Silvia*, de Oliviero Diliberto,[1] rigorosamente não autografado, por cinquenta mi-

---

[1] Na época, era fresca a notícia do apoio dado por Diliberto à transferência de Silvia Baraldini dos cárceres norte-americanos para os italianos.

A MEMÓRIA VEGETAL

lhões. Um outro poemeto, *A Silvio*, de Antonio Di Pietro, era vendido, enquanto desprovido de firma de garantia, a cem milhões pela Mediolanum. A *opera omnia* de Borrelli, Berlusconi Editore, Biblioteca dell'Utopia, com um afetuoso prefácio de Marcello del'Utri, mondada de qualquer autógrafo, aparecia no catálogo Pregliasco por duzentos milhões.

Mario Scognamiglio, abandonadas as tortas napolitanas, reconstituía sua loja e voltava triunfalmente ao mercado vendendo por trezentos milhões uma cópia *non rognée* de *Le mie prigioni* de Giulio Andreotti (2001), que o autor havia enviado como presente de núpcias a um ilustre cavalheiro seu amigo sem apor ao volume, por esconjuro, nenhum sinal de identificação.

Publicado no Almanacco del Bibliofilo (*Corrispondenze del ventunesimo secolo*), Milão, Rovello, 2000.

ANTES DA EXTINÇÃO

ᘐᕲᖴᖶᕊᘞᕲᗒᕳᕲ

Resenha de Oaamooaa pf Uuaanoaa (Universidade de Aldebarã)

O título exato desta apreciável obra do estudioso marciano Taowr Shz, transliterado para nosso alfabeto de Aldebarã, soaria aproximadamente como *Hg Kopyassaae*, e portanto poderíamos traduzi-lo como "O enigma do século XX terrestre revelado através de documentos captados no espaço após a destruição daquele planeta". Taowr Shz é antropólogo espacial conhecido não só em toda a Galáxia habitada como também em algumas estrelas da Grande Nuvem de Magalhães, e é sua, convém lembrar, a famosa obra em que, alguns anos atrás, ele demonstrou de maneira impecável como não pode existir vida orgânica no Sol, justamente por causa dos processos de fusão fria que constituem a massa incandescente desse astro. Curiosa situação de um grande estudioso, célebre em grande parte do Universo, mas desconhecedor de sua notoriedade porque, como sabem muito bem os leitores, embora há muito tempo nossas avançadas tecnologias nos permitam captar mensagens provenientes do sistema solar, a relação não é simétrica, e planetas até de avançada civilização como Marte permanecem ignorando nossa monitoração.

Para o conhecimento do sistema solar, a mediação de Marte é essencial, porque nossos sistemas IEC (Intrusão Espacial Comunicativa) nos permitem captar ao máximo os sinais provenientes daquele planeta, ao passo que permanecem fora da nossa monitoração os corpos mais internos do sistema, isto é, os mais próximos do Sol, como a Terra, Vênus e Mercúrio. Por outro lado, o próprio Marte conseguiu captar sinais provenientes da Terra só recentemente, e em particular nas últimas décadas, praticamente depois que (segundo afirmam os marcianos) a vida terrestre se extinguiu. Tudo o que podemos saber sobre a Terra provém de uma coleta quase casual de notícias capturadas, digamos assim, pelos cientistas marcianos, e por nós "afanadas", se nos permitem a expressão, àqueles estudiosos.

O trabalho dos marcianos, certamente baseado em ousadas conjecturas elaboradas a partir de dados muito lacunosos, foi possibilitado pelo fato de que os terráqueos, em seus últimos anos de vida, haviam elaborado um sistema de comunicação que cobria todo o seu globo e era chamado de Internet na linguagem local. Inicialmente, porém, esse sistema se valia de canais internos ao planeta, ditos "cabos". Só quando ele se desenvolveu através do ar, ou seja, graças a um sistema de captura-redistribuição via satélite, foi possível interceptar os sinais dos terráqueos com os sistemas IEC marcianos. Porém, justamente quando se iniciava uma profícua coleta de dados, todos ainda a serem interpretados, a vida no planeta se extinguiu, por volta daquele ano que, segundo as cronologias terrestres, era definido como 2020.

A MEMÓRIA VEGETAL

A reconstituição marciana foi dificultada pelo fato de que o sistema de comunicação terrestre dito Internet emitia qualquer tipo de dado e apresentava-se como impermeável a qualquer critério de seleção nosso. Podiam aparecer-nos notícias e imagens sobre o passado da Terra, dados provavelmente científicos de difícil decodificação (por exemplo, todos os provenientes de uma fonte chamada *www.bartezzaghi.com*), listas de obras de recentíssima publicação (como as de um certo *Bibliopoly — the multilingual database of rare and antiquarian books and manuscripts for sale* — em que, por *antiquarian books*, provavelmente deve-se entender "comunicações de imediata atualidade"), manuais de avançados estudos anatômicos sobre as técnicas terrestres de acasalamento em eras antiquíssimas (veja-se *Penthouse.com* e *Playboy.com*) e mensagens criptografadas, provavelmente emanadas de serviços secretos (como por exemplo "te amo, babaca ☺" ou "te juro, acho que eu estava com indigestão ☹, isso nunca me aconteceu, volta, por favor. Lallo").

Além disso, note-se que, enquanto fora possível de imediato captar mensagens alfabéticas — para isso, decifradores marcianos bem rapidamente haviam elaborado manuais de tradução (o primeiro termo decifrado foi *cu*, entendido como "lugar genérico onde se vai tomar alguma coisa"), mais difícil havia sido captar imagens, a serem traduzidas mediante um protocolo especial, porque (supõe-se), embora a comunicação verbal, na Terra, fosse de natureza analógica, a visual era de natureza digital.

Ainda assim, por mais laboriosas e imprecisas que sejam as conjecturas marcianas, é possível supor o que provavelmente aconteceu na Terra. Desde há uns cinco mil dos nossos anos (provavelmente alguns milhões dos deles), florescera no planeta uma vida inteligente, representada por seres ditos "humanos" que,

♦ 211 ♦

UMBERTO ECO

como confirmam muitíssimas imagens subsequentemente captadas, eram mais ou menos iguais a nós. Essa civilização se difundiu por todo o planeta, erguendo curiosos aglomerados de construções artificiais onde os terráqueos adoravam viver, e isso provocou um gradativo depauperamento dos recursos naturais. Numa fase muito próxima da extinção, criou-se na atmosfera (bastante semelhante à nossa) um "buraco" que envolvia o planeta inteiro, produzindo subsequentemente a elevação da temperatura, a dissolução, nas calotas do globo, de grandes massas de H_2O em estado sólido, o aumento gradativo de uma grande massa de H_2O em estado líquido e o desaparecimento das terras não cobertas anteriormente por H_2O. As últimas mensagens captadas (e ainda não interpretadas de todo) falam de uma "reunião de emergência do G8 nos fiordes de Courmayeur" e de "encontro de urgência sobre os destinos do mundo entre os presidentes Umbala Nbana, Chung Lenin González Smith e Sua Santidade Platinette II no porto do Monte Everest". Depois, silêncio.

Como eram os terráqueos antes da extinção? Este é o tema do livro de Taowr Shz que estamos resenhando, ainda que não possamos folhear diretamente, com emoção, suas páginas de amianto. Do *mare magnum* da Internet foram capturadas numerosas imagens, que parecem datadas segundo a cronologia terrestre, e que portanto podemos atribuir aos vários séculos anteriores à extinção. Uma imagem dita *Apolo do Belvedere* nos diz que seus adolescentes eram de corporatura esbelta e belas proporções; um *Fornarina* e um *Flora* de período mais tardio nos ilustram a beleza opulenta dos seus machos (as terminações em "a" distinguiam nomes masculinos, como Andrea, Patriarca, Sentinella, ao passo que as terminações em "o" designavam seres

♦ 212 ♦

A MEMÓRIA VEGETAL

femininos, como no caso de Soprano ou Virago). Uma representação dita *Déjeuner sur l'herbe* mostra-nos fêmeas pudicamente vestidas, sentadas num prado com efebos desnudos de agradabilíssimas feições. Os terráqueos denominavam "fotografia" esses modos de representar do natural outros seres, ao passo que chamavam "arte" o modo de imagear seres inexistentes, como no caso de uma pintura que nos apresenta um certo Einstein exibindo a língua, ou no da figura de um guerreiro musculoso e agilíssimo, dito Megan Gale, que ousa encarapitar-se sobre os contrafortes de uma antiquíssima construção em titânio.

Os marcianos, porém, estavam convencidos de ter interceptado apenas imagens dos terráqueos que remontavam a muitos séculos antes da extinção. Até que, justamente poucos segundos antes desse momento fatal, capturaram muitas imagens de um site da Internet (*www.moma.com*) intitulado *The human image in the XXth century*. Com isso, perceberam haver posto as mãos (ou melhor, suas antenas satelitárias) sobre o único documento que dizia alguma coisa sobre o aspecto dos terráqueos durante o declínio de sua raça.

Evidentemente (como sugerem algumas outras interceptações), antes do "buraco" na atmosfera os terráqueos haviam atentado abundantemente (por ingenuidade ou por má-fé suicida) contra a vida do seu planeta. A sobrevivência dos terráqueos já fora submetida a duras provas por fenômenos de natureza incerta, ditos "radiações atômicas", "gases de escapamento", "Philip Morris", "dioxina", "vaca louca", "talidomida", "Big Mac" e "Coca-Cola". As figuras de *The human image* dizem-nos como a raça havia decididamente degenerado enquanto se encaminhava a passos rápidos para a extinção, e sem dúvida se devem a estu-

♦ 213 ♦

diosos de anatomia e teratologia que não hesitaram em exibir a decomposição da espécie.

Representações atribuídas a não muito bem identificados "Expressionistas alemães" mostram-nos o rosto humano já deturpado por tabes violáceas, descamações, cicatrizes. Um certo Bacon apresenta-nos fêmeas (ou machos) com os membros desenvolvidos só em parte, além de uma carnação amarelo-ocre que aconselharia os médicos de Aldebarã a internar imediatamente o indivíduo. As representações de um tal de Picasso mostram como a degeneração da espécie já influíra até sobre a disposição simétrica dos olhos e do nariz num rosto humano. Em certas zonas, a julgar pelas representações de um certo Botero, os humanos em geral haviam desenvolvido anormalmente uma compleição deformada, com excessos de matéria graxa e inchaços por todo o corpo — enquanto um tal de Egon Schiele nos revela seres andróginos, reduzidos a meros esqueletos. A julgar por um certo Grosz, os seres de um dos sexos (qual?) tinham praticamente perdido o pescoço, e a nuca se inervava diretamente sobre os ombros, ao mesmo tempo que, a crermos num tal de Modigliani, o pescoço se alongara além dos limites do razoável, dificultando sem dúvida a postura ereta. Que a espécie já estivesse reduzida a multiplicar-se numa série de criaturas monstruosas, sem mais qualquer regra, fica evidente pelas imagens de um tal de Keith Haring; outras imagens, dos assim chamados Boccioni e Carrà, mostram-nos seres que, tensionados na corrida ou em algum outro movimento, perdem o controle dos próprios membros, enquanto seus corpos se desagregam e se confundem com o ambiente. Até a estrutura dos órgãos visuais deve ter sido danificada pelas "radiações", porque muitas dessas testemunhas

A MEMÓRIA VEGETAL

do seu tempo, enquanto nos representam uma mesa com objetos, uma janela, um canto da casa, são incapazes de enxergar as superfícies e os volumes em sua justa relação e os percebem como que decompostos e remontados de maneira contrária às leis da gravidade, ou então percebem um mundo liquefeito. Às vezes o bloqueio da percepção leva-os a ver apenas superfícies bidimensionais confusamente coloridas. Aparecem seres com os olhos no lugar do seio e a vulva no lugar da boca, humanos com cabeça de animal chifrudo, infantes disformes; um tal de Rosai vê criaturas minúsculas e encolhidas sobre o fundo de uma rua que ainda abriga construções volumetricamente aceitáveis. Uma representação de um certo Duchamp exibe um macho de belo aspecto desfigurado por um bigode feminino, sinal evidente de uma mutação em curso.

O terráqueo do século XX já esperava a morte do planeta, enquanto sua própria estrutura corporal se encarquilhava, aleijava-se, enlanguescia. O livro de Taowr Shz documenta de modo evidente esse declínio de uma espécie que antecipou, na deformação do próprio corpo, o desfazimento do planeta. É com ânimo perturbado e comovido que lemos este testemunho de horror e de morte, a respeito de seres que um dia foram como nós, e conscientemente escolheram sua desventura.

Publicado no Almanacco del Bibliofilo (*I libri dei prossimi vent'anni*), Milão, Rovello, 2002.

Monólogo interior de um e-book

Até há pouco, eu não sabia o que sou. Nasci vazio, se é que posso me exprimir assim. Não era nem capaz de dizer "eu". Então alguma coisa entrou em mim, um fluxo de letras, senti-me pleno e comecei a pensar. Naturalmente, comecei a pensar aquilo que me havia entrado dentro. Uma sensação belíssima, porque pude sentir em bloco aquilo que mantinha em minha memória, ou percorrê-lo linha por linha, ou saltar de uma página a outra.

O texto que eu era chamava-se "do livro ao e-book". É um golpe de sorte o fato de alguém, creio dever chamá-lo meu usuário ou meu dono, ter colocado dentro de mim aquele texto, pelo qual aprendi muitas coisas sobre o que é um texto. Se ele tivesse colocado em mim alguma outra coisa (aprendi a partir do meu texto que existem textos dedicados somente, digamos, ao elogio da morte), eu pensaria outras coisas e acreditaria ser um moribundo, ou um túmulo. Em vez disso, sei que sou um livro e o que são os livros.

Sou uma coisa maravilhosa: um texto é um universo, e — pelo que entendi — um livro se torna aquele texto que imprimiram nele. Pelo menos, isso acontece aos livros tradicionais, sobre

♦ 217 ♦

os quais o meu texto narra uma história minuciosa. Os livros tradicionais são reuniões de muitas folhas de papel, e um livro no qual foi impressa, por exemplo, a Odisseia (poema grego antigo, mas não sei bem o que ele conta) pensa e vive tudo aquilo que acontece e que é dito na Odisseia. Vive-o por toda a sua vida, que pode ser longuíssima, pois existem livros com quase quinhentos anos de existência. Naturalmente, vários usuários daquele livro também podem escrever notas à margem, e o livro, imagino, também pensa essas notas. Não sei o que acontece com um livro que traga sublinhas, se ele pensa com mais intensidade as coisas sublinhadas ou se simplesmente nota que aquelas linhas interessavam particularmente ao seu usuário. Imagino também que um livro que viveu quatrocentos anos e mudou de usuário (inferi do meu texto que os usuários dos livros são mortais, ou em todo caso vivem menos que um livro) sabe reconhecer a mão dos seus diversos leitores, assim como a diferença entre o modo que cada um tem de ler e interpretar o texto. Talvez existam leitores que escrevem à margem "mas que besteira!", e não sei se o livro se sente ofendido ou se faz um exame de consciência. Seria bom que um dia alguém escrevesse um texto no qual se contasse como é a vida interior de um livro.

Imagino que, para um livro de papel, trazer impresso um texto terrível seja um inferno. Como será a vida de um livro que conta uma história de amor infeliz? Será infeliz, também ele? E se seu texto conta uma história de sexo, ele se sente em contínua excitação? É bom não poder sair nunca do texto que se traz impresso sobre as próprias páginas? Talvez, porém, um livro de papel tenha uma vida belíssima, porque a passa concentrado sobre o mundo do seu texto, e vive sem dúvidas, sem suspeitar daquilo que pode acontecer fora dele — e sobretudo sem a suspeita de que existam outros textos que contradizem o seu.

Eu não sei, porque pelo texto que me botaram dentro descobri ser um e-book, um livro eletrônico, cujas páginas correm sobre uma tela. Parece que eu tenho uma memória superior à de um livro de papel, porque um livro de papel pode ter dez, cem, mil páginas, mas não além disso. Eu, em contraposição, poderia hospedar muitíssimos textos, todos juntos. Mas não sei se saberia pensá-los todos de uma só vez, ou se um por vez, dependendo de qual deles o meu usuário ativa. Contudo, além dos textos que me serão colocados dentro, tenho um programa interno, uma memória minha — digamos assim. Compreendo quem sou não só pelo texto que hospedo agora, mas pela própria natureza dos meus circuitos internos. Em suma, não sei me explicar bem, mas é como se eu soubesse saltar fora do texto que hospedo e dizer "olha que coisa curiosa, eu hospedo este texto!". Não creio que um livro de papel possa fazer isso, mas sei lá, imagino que nunca terei oportunidade de dialogar com um livro de papel.

O texto que eu hospedo é riquíssimo, e estou aprendendo muitas coisas, tanto sobre o passado dos livros de papel quanto sobre nosso destino, o dos e-books. Somos, seremos mais afortunados do que nossos antepassados? Não tenho muita certeza. Veremos. Por enquanto, estou muito contente por ter nascido.

Aconteceu uma coisa estranhíssima. Ontem (modestamente, tenho um relógio interno) me fecharam. Quando estou fechado não posso viver no texto que tenho dentro. Mas há uma zona da minha memória que permanece ativa: ainda sei quem sou, sei que tenho um texto dentro, embora não possa entrar nele. Mas não durmo, do contrário também se desativaria meu relógio interno, e isso não acontece: assim que me ligam eu sei dizer a hora certa, o dia e o ano.

De repente me reabriram, senti por dentro uma estranha remexida e foi como se me transformasse em outro. Vi-me numa selva escura e vinham ao meu encontro três feras, depois encontrei um senhor que me conduziu... não consigo expressar bem o que me estava acontecendo, mas entrei num funil infernal e — meus jovens — vi cada coisa! Por sorte, depois me fizeram correr até o fim do texto e foi esplêndido, eu via juntos a mulher da minha vida, a Virgem Maria e Nosso Senhor em pessoa, embora não saiba repetir muito bem o que vi, porque un punto solo m'è maggior letargo che venticinque secoli all'impresa che fe' Nettuno ammirar l'ombra d'Argo.*

Como experiência — ainda a estou vivendo — é extraordinária, mas sinto como que a saudade obscura do texto precedente — quero dizer, sei que hospedava um texto, mas é como se ele estivesse sepultado nas profundezas dos meus circuitos, e em certo sentido estou condenado a viver somente naquele novo que...

....

Meu usuário deve ser guloso e caprichoso. Certamente, esta manhã me pôs dentro não só um texto novo, mas muitos, e agora passa de um a outro com desenvoltura, sem me dar tempo de me habituar.

---

*Dante, *Comédia*, "Paraíso", Canto XXXIII. (*N. da T.*)

A MEMÓRIA VEGETAL

Quero dizer, eu estava de fato imerso na visão da profunda e clara subsistência de um alto lume, e parecia-me vislumbrar três círculos de três cores e um conteúdo, quando percebi um cheiro de fuligem, um apito de locomotiva e, no gelo de uma noite quase hiperbórea, eis que me jogava sob o trem. Por amor, creio, e a um oficialzinho ordinário. Anna, o que fazes?, eu me perguntava, e já sentia o horror das rodas da locomotiva que me despedaçavam as carnes quando me vi junto aos Carmelitas Descalços, ao lado de Athos, Porthos e Aramis, que eu acabava de desafiar em duelo, nós quatro a lutarmos contra os guardas do Cardeal. Uma experiência excitante, mas depois, de repente, senti de novo a dilaceração das minhas carnes, e não era a lâmina daquele Jussac, mas as rodas dentadas e as lâminas afiadas de uma máquina celibatária numa misteriosíssima colônia penal. Estava prestes a gritar, tanto quanto um e-book possa fazê-lo (provavelmente teria sofrido um *tilt* pelo horror), quando senti meu nariz a se alongar desmedidamente por uma pequena mentira que eu acabava de dizer, sem malícia, e, após outro momento — foi como uma espécie de desmaio —, já julgava exagerada a punição de quem naquele instante me havia enfiado um alfinete grande na nuca, e sabia que era o maldito Rocambole, que no entanto eu tinha educado como um filho na nobre arte do crime...

Foi uma manhã terrível, meu usuário parecia enlouquecido, de repente eu me senti passeando num universo não euclidiano onde as paralelas se encontram a cada instante, um engarrafamento insuportável, e logo depois me senti oprimido por uma série de caracteres misteriosos, como ي پ گ ش צ. Só a muito custo percebi que me havia tornado um dicionário árabe-hebraico. É duro tornar-se uma língua nunca aprendida, ou melhor, duas,

◆ 221 ◆

e eu estava trabalhosamente aprendendo o eu mesmo em que acabava de me transformar quando meu dono me perguntou alguma coisa. Respondi "Fui eu!", e ele me disse que meu coração era nobre. Chamou-me de Garrone, enquanto até pouco antes eu estava convicto de me chamar d'Artagnan. Aproximou-se de mim um jovem louro, acreditei que fosse Derossi mas evidentemente eu tinha de novo mudado de texto, porque o rapaz me disse chamar-se Jim, e me apresentou *lord* Trelawney, o doutor Livesey e o capitão Smollett. Havia também um marinheiro com uma perna de pau, mas assim que ousei perguntar-lhe alguma coisa ele me disse "a bordo, Ismael, o Pequod está partindo, desta vez a maldita baleia não me fugirá". Entrei no ventre de Moby Dick e encontrei meu bom papai, Geppetto, que estava comendo fritura de peixe à luz de velas. "Laio!", gritei, "juro que não sabia que aquela era minha mãe!". Mas a essa altura a mamãe, que creio chamar-se Medeia, me matou, para fazer uma desfeita a Orestes.

Não sei se conseguirei resistir por muito tempo. Sou um livro dissociado, ter muitas vidas e muitas almas é como não ter nenhuma, e além disso devo ficar atento a não me afeiçoar a um texto, porque, no dia seguinte, meu usuário pode deletá-lo de mim.

Queria muito ser o livro de papel que contém a história daquele senhor que visita inferno, purgatório e paraíso. Eu viveria num universo tranquilo, onde é clara a distinção entre bem e mal, onde eu saberia como convém conduzir-se para passar do tormento à bem-aventurança, e onde as paralelas não se encontram nunca.

A MEMÓRIA VEGETAL

Longtemps je me suis couché de bonne heure. Sou uma mulher que está para adormecer e ante os olhos de sua mente (eu diria de seu útero) desfilam as coisas que ela acaba de viver. Sofro porque não encontro nem vírgulas nem pontos e não sei onde me deter. Não queria ser aquele que sou, mas vejo-me obrigado a dizer *yes yes yes...*

Publicado no Almanacco del Bibliofilo (*Confidenze di libri*), Milão, Rovello, 2003.

SHAKESPEARE ERA POR ACASO SHAKESPEARE?

É conhecida por bibliófilos e estudiosos do Bardo a Bacon-Shakespeare Controversy.[1] Havia muito tempo, particularmente em algumas alusões devidas a Selenus (que aliás era o duque de Brunswick), mas em geral na esteira de numerosas especulações nascidas nos ambientes rosacrucianistas, suspeitava-se que o verdadeiro autor das obras de Shakespeare era Lord Francis Bacon. Contudo, somente no século passado e nos primórdios deste produziu-se uma vasta bibliografia sobre o assunto, da qual cito apenas os textos principais (note-se que participaram da polêmica até cientistas insignes como o matemático Georg Cantor):

SELENUS GUSTAVUS
CRYPTOMENYTICES ET CRYPTOGRAPHIAE LIBRI IX
In quibus & planissima Steganographiae a Johanne Trithemio, Abbate Spanheymense & Herbipolensi, admirandi ingenij Viro, magice &

---

[1] Cf. Giulio Blasi, "*Bakespeare*. Paradoxical Operations on the Concept of Author", *Versus 57*, setembro-dezembro de 1990, pp. 57-94.

UMBERTO ECO

aenigmatice olim conscriptae, Enodatio traditur. Inspersis ubique Authoris ac Aliorum, non contemnendis inventis.

SI (Col.) Lunaeburgi, Excriptum typis Johannis Henrici Fratrum, der Sternen — Bibliopolarum Lunaeburgensium, Anno 1624. 1ª edição. Fólio pequeno, (17) 493. Esplêndido fts. alegórico gravado. Cinco estampas dobr. Numerosíssimas tabelas e rótulas. Numerosas letras ornamentais e capitulares em xilografia. Três gravuras de Lucas Kilian, uma em página inteira e duas em meia página.

(É considerado fonte das especulações sobre o caso Bacon-Shakespeare.)

CANTOR, GEORG

DIE RAWLEY'SCHE SAMMLUNG

VON ZWEIUNDDREISSIG TRAUERGEDICHTEN AUF

FRANCIS BACON

Ein Zeugniss zu Gusten Bacon-Shakespeare-Theorie mit einem Vorwort herausgegeben von Georg Cantor. (Seguido de) Memoriae Honoratissimi Domini Francisci ... Sacrum. Londini in Officina Johannis Haviland, 1636. (Encadernado como terceiro fascículo, precedido de) Confessio Fidei Francisci Baconi ... Cum Versione Latina e Guilelmo Rawley ... Anno mdciviii evulgata. Halis Saxonoum. 1896. Prostat Apud Max. Niemeyer Bibliopolam. Resurrectio Divi Quirini Francisci Baconi ... CCLXX annis post obitum eius in die aprili anni MDCXXVI (Pro Manuscripto). Cura et impensis G.C. Halis Saxonum 1896. Halle 1897. In Commissione bei Max Niemeyer.

1ª edição

16º. 31; iv, 24; (1) xxvii, 32.

(Material recolhido e publicado por Cantor para sustentar a controvérsia Bacon-Shakespeare.)

♦ 226 ♦

A MEMÓRIA VEGETAL

DONNELLY, IGNATIUS
THE GREAT CRYPTOGRAM:
Francis Bacon's Cipher in The So-called Shakespeare Plays, By Ignatius Donnely, Author of "Atlantis: The Antedeluvian World" and "Ragnarök: The Age of Fire and Gravel".
London, Sampson Low, Marston, Searle & Rivington, Ltd. 1888.
1ª edição
8º Dois vol., vi, 998, com estampas e diagramas bicolores.

DURNING-LAWRENCE, SIR EDWIN
BACON IS SHAKE-SPEARE
Together with a Reprint of Bacon's Promus of Formularies and Elegancies. Collated, with the original Ms. by the late F.B. Bickley and revised by F.A. Herbert, of the British Museum.
New York: The John McBride Co. 1910
1ª edição
8º xiv, 286. Estampas.

REED, EDWIN
BACON AND SHAKE-SPEARE PARALLELISM
Boston: Charles E. Goodspeed 1902.
1ª edição
8º (6) 441.

STOPES, C.
THE BACON-SHAKESPEARE QUESTION ANSWERED
Second Edition, Corrected and Enlarged.
London: Trübner & Co., Ludgate Hill 1889
16º xiv, 266, 8.

◆ 227 ◆

UMBERTO ECO

THEOBALD, BELTRAM G.
FRANCIS BACON CONCEALED AND REVEALED
(London) Cecil Palmer Forty Nine Chandos Street 1930.
1ª edição
8°, xii, 390.

THEOBALD, ROBERT M.
SHAKESPEARE STUDIES IN BACONIAN LIGHT
San Francisco: John Howell 1901.
1ª edição
8° xii, 500.

WIGSTON, W.F.C.
FRANCIS BACON
Poet, Prophet and Philosopher, Versus Phantom Captain Shakespeare.
The Rosicrucian Mask.
London, Kegan Paul, Trench, Trübner & Co., 1891.
1ª edição
8° xlvi, 436.

Resumindo, o debate nascia da convicção de que um homem de escassa cultura e ínfima extração social como Shakespeare, em última análise um ator, não era capaz de elaborar textos de tal valor artístico e tal profundidade de pensamento. Parecia mais aceitável a ideia de que Shakespeare era só um testa de ferro, ou no máximo aquele que encenava e representava as obras atribuídas a ele, mas devidas na verdade a um personagem de grande engenho e sensibilidade. Naquela época, ninguém podia exibir tais qualidades, exceto Francis Bacon, filósofo, político, refinado li-

♦ 228 ♦

A MEMÓRIA VEGETAL

terato, como prova a sua *New Atlantis*, e profundo conhecedor da alma humana.

A conjectura não queria ser fantasiosa: todos os textos citados na bibliografia demonstram, às vezes reproduzindo as obras shakespearianas e sublinhando ou colocando em vermelho os trechos relevantes, que a obra inteira do Bardo, tal como aparece no in-fólio de 1623, contém alusões, indícios cifrados, legibilíssimos criptogramas que revelam a paternidade baconiana. Enfim, é desnecessário citar os muitos documentos que foram trazidos à luz e que demonstram irrefutavelmente essa hipótese.

A que é menos conhecida é a simétrica Shakespeare-Bacon Controversy. Para escrever todas as obras de Shakespeare, diziase, não só as tragédias mas também os imortais sonetos, era necessário o trabalho de uma vida. Como poderia Bacon ter obtido tempo para realizar esse trabalho titânico, a não ser delegando a outros a labuta de escrever suas obras filosóficas? Por conseguinte, havia-se elaborado a hipótese de que Shakespeare, que afinal era um homem de não poucas habilidades, tivesse sido pago por Bacon para esse fim. A extração social de Shakespeare comprovaria inclusive a veia de saudável bom senso com que são concebidas as obras baconianas. Portanto, Shakespeare teria sido o autor das obras agora atribuídas a Bacon.

A bibliografia sobre o assunto foi tão rica quanto a simétrica citada acima, e contém páginas inteiras da obra baconiana, sublinhadas ou impressas em vermelho, nas quais aparecem claros indícios criptográficos da paternidade shakespeariana. E aqui estão alguns títulos que consegui recuperar sobre este fascinante debate:

♦ 229 ♦

CANTOR, GEORG
DIE RAWLEY'SCHE SAMMLUNG VON ZWEIUNDDREISSIG
TRAUERGEDICHTEN AUF SHAKESPEARE

Ein Zeugniss zu Gusten Shakespeare-Bacon Theorie mit einem Vorwort herausgegeben von Georg Cantor. (Seguido de) Ye Memories of Guillelmi Scrollalanciae. Londini in Officina Johannis Haviland, 1636. (Encadernado como terceiro fascículo, precedido de) Confessio Fidei Guillelmi, Cum Versione Latina a Nigra Domina ... Anno mdclviii evulgata. Halis Saxonum. 1896. Prostat Apud Max Niemeyer Biblioplam. Resurrectio Divi Srtatfordini Guillemi ... (Pro Manuscripto). Cura et impensis G.C. Halis Saxonum 1896.
Halle 1899. In Commissione bei Max Niemeyer 1899.
1ª edição
16° (17*11). 31; iv, 24; (1) xxvii, 32.

DONNELY, IGNATIUS
THE SMALL CRYPTOGRAM:

William Shakespeare's Cipher in The So-called Baconian Works. By Ignatius Donnely.
London, Sampson Low, Marston, Searle & Rivington, Ltd. 1890.
1ª edição
8° x, 800, com estampas e diagramas bicolores.

DURNING-LAWRENCE, SIR EDWIN
SHAKE-SPEARE IS BACON

Collated, with the original Ms. by the late F.B. Bickley and revised by F.A. Herbert, of the British Museum. New York: The John McBride Co. 1920.
1ª edição
8° xv, 230. Estampas.

A MEMÓRIA VEGETAL

REED, EDWIN
SHAKE-SPEARE AND BACON PARALLELISM
Boston: Charles E. Goodspped 1905.
1ª edição
8° v, 430.

STOPES, C.
THE SHAKESPEARE-BACON QUESTION ANSWERED
London: Trübner & Co., Ludgate Hill 1889.
1ª edição
16° x, 210.

THEOBALD, BERTRAM G.
WILLIAM SHAKESPEARE CONCEALED AND REVEALED
(London) Cecil Palmer Forty Nine Chandos Street 1936.
1ª edição
8° xii, 300

THEOBALD, ROBERT M.
BACON STUDIES IN SHAKESPEARIAN LIGHT
San Francisco: John Howell 1903.
1ª edição
8° xii, 500

WIGSTON, W.F.C.
WILLIAM SHAKESPEARE
Philosopher, Versus Phantom Captain Bacon. The Templar Mask.
London, Kegan Paul, Trench, Trübner & Co. 1899.
1ª edição
8° xlvi, 436.

◆ 231 ◆

UMBERTO ECO

Em suma, os defensores da Bacon-Shakespeare e da Shakespeare-Bacon Controversies estavam razoavelmente de acordo. Podia-se sustentar que Bacon era o autor das obras de Shakespeare e Shakespeare, o autor das de Bacon, sem que as duas teorias entrassem em contradição. Por outro lado, os confrontos textuais eram absolutamente indiscutíveis em ambos os casos. As objeções detalhistas de Julius Stapleton (*If so, Why?* London, Faber & Faber 1930) — ou seja, de que Bacon, se era o autor das obras de Shakespeare e não das suas, não podia ter disseminado na obra de Shakespeare indícios referentes à obra de Bacon, a qual ele evidentemente podia muitíssimo bem ignorar, e de que, se Shakespeare era o autor das obras de Bacon, não havia razão para que inserisse nelas remissões à obra de Shakespeare, da qual podia saber pouquíssimo — tais objeções foram tachadas de ceticismo positivista e rapidamente deixadas de lado.

Continuava aberta, porém, uma outra questão. Se Bacon era o autor das obras de Shakespeare, não teria podido concebê-las sem uma frequentação cotidiana do mundo do teatro — para não dizer que ele não teria podido escrever os Sonetos shakespearianos se não tivesse tido tempo de frequentar a Dark Lady, em vez de frequentar todos os dias a rainha Elisabeth —, e, em sentido inverso, se Shakespeare era o autor da obra de Bacon, não poderia tê-la concebido sem uma frequentação cotidiana tanto da sociedade cultural de Londres quanto da própria corte. Por conseguinte, devia-se supor não só que Bacon era o autor das obras de Shakespeare, mas também que o substituiu diretamente na gestão cotidiana do Globe — e vice-versa, no que se referia à suposta obra baconiana. Portanto Shakespeare, ou aquele que as

♦ 232 ♦

A MEMÓRIA VEGETAL

pessoas reconheciam como Shakespeare, *era de fato* Bacon, e Bacon *era* Shakespeare.

Então, de quem são os retratos que nos chegaram como sendo, respectivamente, de Shakespeare e de Bacon? Evidentemente, os retratos de Shakespeare mostravam Bacon e os de Bacon mostravam Shakespeare.

Mas quando acontecera a substituição? Se ela tivesse ocorrido na idade avançada de ambos os personagens, estes teriam mantido pelo resto de suas vidas uma ficção insustentável — e a gente se pergunta se, em tal estado de espírito, Bacon manteria a serenidade necessária para conceber a obra shakespeariana, e Shakespeare, a acuidade indispensável para conceber a obra baconiana. Se, ao contrário, a substituição acontecera, digamos, no berço, então de fato Shakespeare se considerava Shakespeare e Bacon, Bacon. A única coisa que poderia iluminá-los sobre sua real identidade seria um teste de DNA, inconcebível na época. Portanto, à luz desta última hipótese, Shakespeare *era* Shakespeare e Bacon *era* Bacon.

Por conseguinte, a obra de Shakespeare era verdadeiramente de Shakespeare e a de Bacon, verdadeiramente de Bacon.

Porém, com o tempo, muitos dos estudiosos que haviam animado a Bacon-Shakespeare-Bacon Controversy (que para alguns era a Shakespeare-Bacon-Shakespeare Controversy) haviam mudado de opinião, como mostra a bibliografia abaixo:

DONNELLY, IGNATIUS
THERE WAS NO CRYPTOGRAM:
William Shakespeare's Cipher in The So-called Baconian Works. By Ignatius Donnelly.

UMBERTO ECO

London, Sampson Low, Marston, Searle & Rivington, Ltd. 1899.
1ª edição
8º x, 10.

DURNING-LAWRENCE, SIR EDWIN
SHAKESPEARE WAS SHAKESPEARE
New York: The John McBride Co. 1925
1ª edição
8º xv, 100. Cem exemplares numerados com assinatura do autor.

REED, EDWIN
SHAKESPEARE AND BACON: AN INCOMPATIBILITY
Boston: Charles E. Goodspeed 1910.
1ª edição
8º v, 0.

STOPES, C.
FUCK SHAKESPEARE (AND BACON TOO)!
London: Trübner & Co., Ludgate Hill 1890.
1ª edição
16º x, 6.

THEOBALD, BERTRAM G.
BOTH SHAKESPEARE AND BACON DID NOT EXIST
(London) Cecil Palmer Forty Nine Chandos Street 1936.
1ª edição
8º xii, 2

A MEMÓRIA VEGETAL

Theobald, Robert M.
BACON-SHAKESPEARE STUDIES DISCOMBABULATED
San Francisco: John Howell 1906.
1ª edição
8° xii, 1200

Wigston, W.F.C.
WAS SHAKESPEARE KASPAR HAUSER? THE MASONIC MASK
London, Kegan Paul, Trench, Trübner & Co. 1900.
1ª edição
8° xlvi, 436.

Somente Cantor ficara insensível ao problema, graças à teoria, que ele havia elaborado, da Absoluta Identidade dos Conjuntos Pouquíssimo Normais, assegurando que, se duas pessoas são malucas — e malucos, ou por escolha ou por castigo, os dois desafortunados elisabetanos não podiam deixar de ser —, então nenhum dos dois podia mais saber quem era quem, e o máximo da confusão teria sido atingido no momento em que Shakespeare se tivesse acreditado Shakespeare e Bacon, Bacon.

É claro que, chegada a esse ponto, a controvérsia podia ser considerada extinta. Apenas alguns poucos acenos aos seus últimos rastros. Recentemente, Antonio Tabucchi (*Sostiene Ulloa*, impresso a expensas da Mediaset) avançava a hipótese de que as obras tanto de Shakespeare quanto de Bacon (inclusive, até as de Cantor) tivessem sido escritas por Pessoa. Quase no mesmo período, Roberto Calasso, remetendo-se a um volumoso manuscrito de oitocentas páginas devido à pena de Roberto Bazlen, demonstrava que nem Shakespeare nem Bacon haviam jamais

♦ 235 ♦

UMBERTO ECO

escrito nada (o primeiro tendo sido assassinado ainda jovem na Cripta dos Capuchinhos em Viena, e o segundo tendo falecido em Praga, depois de ler a obra completa de Emanuele Severino, pois se o erro do Ocidente é o erro do Ocidente, então mais valia manter-se calado). Por conseguinte, a Adelphi anunciava a publicação inédita, em edição crítica, de todas as obras de Shakespeare e de Bacon, sob organização de Mazzino Colli, in-fólio em papel Fabriano, encadernadas em pele humana.

O projeto, porém, foi dificultado por Silvio Berlusconi, o qual, durante uma transmissão no Santoro Show da TV de Tirana, anunciava: "Shakespeare sou eu", acrescentando: "ad interim". E depois, respondendo a uma pergunta dos jornalistas: "Bacon quem?"

Publicado no Almanacco del Bibliofilo (*Bibliofantasie di una estrosa équipe di scanzonati favolatori*), Milão, Rovello, 2003.

Por uma reforma dos catálogos

O mercado antiquário também segue modas. Livros que até ontem podiam ser obtidos a um preço razoável alcançam de repente cifras impossíveis, porque cresce a curiosidade sobre um certo assunto. Assim, pode ocorrer que, identificado um filão afortunado, os catálogos façam o máximo esforço para também incluir obras que na verdade nada têm a ver com o tema.

Nos últimos anos, isso aconteceu com o ocultismo. É cada vez mais frequente ver em catálogo, precedidas da palavra mágica "*Occulta*", obras que de oculto não têm nada. A mim aconteceu encontrar até um santo Agostinho, coitado, e já me preparo para, mais dia menos dia, encontrar entre os *Occulta* o *Secretum* de Petrarca.

Tal jogo pode levar a consequências inaceitáveis, e um dia fazer-nos encontrar, no setor ocultista, um manual intitulado *Das chaves Yale às fechaduras herméticas*. Mas, se deve ser jogo, que pelo menos seja feito imaginando-se que de repente entrem na moda alguns temas, e que se verifique um substancial remanejamento das seções dos catálogos.

♦ 237 ♦

UMBERTO ECO

Se as obras sobre a economia bancária e a Confindustria* se tornassem apetecíveis, poderíamos encontrar na lista os vários *Teatro d'imprese*, *Le imprese illustri*, os *Discorsi sopra le imprese*, junto com a *Tariffa Kircheriana*, o *Traité des chiffres* e a *Plutosofia*.

No fundo, o governo Prodi é de interesse atual, e, portanto, por que não incluir nesse tema as *Istitutioni Harmoniche*, *De civitate Dei*, o *Antikrisis* de Ireneus Agnostus, *Christianopolis*, *L'enfer demoli*, o *Opus Quadripartitum*, a *Civitas Solis*, a *Arte de navegar* e (para contentar a oposição) *Arca Noe* e *Stultifera Navis*? Para o ministro Di Pietro, *In primo sententiarum*.

Um assunto sobre o qual muito se discute é a reabertura das casas de prazer. Excluindo como demasiado óbvios *Il piacere* dannunziano e a *Carta sobre a tolerância* de Locke, sugiro *Dialoghi d'amore*, *Aureus Vellus*, *De Fascino*, *Polygamia triumphatrix*, *Clavis convenientia linguarum*, *De secretis mulierum*, *La mirabile visione*, *La pudicitia schernita* e a *Retorica delle puttane* de Ferrante Pallavicino (e talvez também *La putta onorata*), a *Monas Hieroglyphica*, *L'art de connaître les hommes* e, para as cidades marítimas, a *Consolatio navigantium*.

Em um período de liberdade sexual, mistura de gêneros, travestismo e movimentos de liberação gay, eu poderia sugerir uma seção composta por: *Novum Organum*, *Homo et ejus partes*, *De l'Androgyne*, *Noctes Atticae*, *Sic et non*, *O homem como fim*, *Homens e não*, *Le piacevoli notti*, *Adônis*, *Coming of age in Samoa*, *Analíticos Posteriores*, *À rebours* e *Là-bas*, assim como as estampas anatômicas de Vesálio em envelope plástico lacrado.

---

*Sigla de Confederazione Generale dell'Industria Italiana. (*N. da T.*)

♦ 238 ♦

A MEMÓRIA VEGETAL

Último tema: baronatos acadêmicos e concursos universitá-
rios. E teríamos à disposição *De universitate, Les effroyables
pactions,* o *Tintinnabulum sophorum, De regimine principum,
Stratagematum Satanae libri octo, Gli arcani svelati, Sur la nature
de l'âme des bestes, De lampade combinatoria, A true and faithful
relation* (para as provas orais de concurso), *La sinagoga degli
ignoranti, Kabbala denudata, Tela ignea Satanae.*

O CÓDIGO TEMESVAR

Várias vezes, ao longo das minhas pesquisas, precisei ocupar-me da singular figura que foi Milo Temesvar. Como já observava em *Apocalípticos e integrados*, Temesvar (albanês, expulso do próprio país por desvio esquerdista, depois exilado na União Soviética, nos Estados Unidos e finalmente na Argentina, onde em seguida perderam-se seus rastros) era conhecido (de poucos) como autor de *As fontes bibliográficas de J. L. Borges*, *Do uso dos espelhos no jogo de xadrez* e *The Pathmos Sellers*, que eu resenhava então.

Ainda me aconteceu mencioná-lo na introdução a *O nome da rosa*, especificando que *Do uso dos espelhos no jogo de xadrez* fora publicado só em georgiano (Tibilisi, Mamardaschvili, 1934). Depois de decifrar arduamente aquele texto (e eu me exercitara em georgiano soletrando por inteiro *O cavaleiro da pele de pantera* de Rustaveli, numa elegante edição in 64° pela tipografia da já desaparecida editora Giugasvili), percebi ter encontrado ali (mais detalhados e precisos) todos os acontecimentos que narrei depois naquele meu romance.

Foi o suficiente para convencer-me de que Temesvar era um personagem singular, injustamente desconhecido, cujos textos (quantos, dada sua genial atividade de polígrafo?) convinha ir procurar.

◆ 241 ◆

UMBERTO ECO

Por puro acaso, em minhas peregrinações através de sebos e antiquados antiquários em cada cidade, chegou-me às mãos, em Sófia (numa lojinha de aparência modesta onde pude encontrar, por uma soma irrisória, um in-fólio shakespeariano de 1623 e a primeira edição do *Ulysses* — com notas autógrafas de Sylvia Beach, parcialmente intonso, capa azul-helênico original, um ex-libris de George Brasillach e uma dedicatória manuscrita de Dolores Ibarruri ao Campesino), um exemplar (ai de mim, tão desmantelado...) de outra obra de Temesvar, desta vez em russo, Тайная вечеря Леонрдо да Винчи Анекдоты, Москва, 1988, e, como diz explicitamente o título, dedicada a uma leitura do Cenáculo, ou *A última ceia*, de Leonardo.

A coisa mais curiosa é a data desse livro. Não é obrigatório que um livro só apareça quando o autor ainda é vivo, mas vários aspectos do texto de Temesvar induzem a considerá-lo um sinal de que, em 1988 ou imediatamente antes, ele ainda vivia. De outro modo não poderia ter levado em conta os vários livros de Gérard de Sède sobre o mistério de Rennes-le-Château, publicados entre o final dos anos 1960 e os anos 1970, nem o famoso best seller de Lincoln, Baigent e Leigh, *Holy Blood, Holy Grail*, que é de 1982.

Certamente, ao menos na data de 1988, Temesvar não podia ter tido notícia do recentíssimo *O código Da Vinci* de Dan Brown, mas, como esse afortunado romance não faz outra coisa senão redigir, com muita e desenvolta habilidade, todo o material tanto de Sède quanto de Lincoln e colegas, não havia necessidade do *Código Da Vinci* para impelir Temesvar à confutação sarcástica daquilo que lhe parecia uma evidente falsidade histórica.

♦ 242 ♦

A MEMÓRIA VEGETAL

Os argumentos que ele emprega para desmontar todas as fantasiosas hipóteses sobre Cristo que desposa Madalena e dá origem à dinastia dos Merovíngios, e mais tarde ao mítico Priorado de Sião, não precisam ser reportados aqui, porque são os mesmos usados por uma sã filologia e um sólido conhecimento histórico, unidos a uma análise crítica das contradições que emergem a cada passo nesse gênero, aliás uniforme e bastante repetitivo, de obras fantástico-históricas. O que impressiona e me leva a propor a redescoberta do texto de Temesvar é, no caso, a contrateoria que ele elabora.

Seu discurso parte do Cenáculo de Leonardo da Vinci, uma vez que dos textos de Sède ou de algum dos seus incontáveis repetidores lhe chegara notícia da interpretação que hoje constitui o núcleo do livro de Brown. O Cenáculo leonardesco (segundo alguns, tendo Leonardo pertencido certamente aos desconhecidos superiores do Priorado) confirmaria a hipótese de Sède na medida em que o são João figurado à direita de Cristo apareceria sem sombra de dúvida como uma mulher, e a obra celebraria os esponsais, nem um pouco místicos, entre o Nazareno e Madalena. Além disso, haveria a curiosa e inexplicável arquitetura da pintura, na qual, enquanto entre Cristo e os apóstolos à sua esquerda (Tomás, Tiago Maior, Felipe, Mateus, Judas Tadeu, Simão Zelota) o espaço é mínimo, impressiona a separação entre Cristo e o grupo constituído por João, Pedro e Judas (os quais têm à sua direita André, Tiago Menor e Bartolomeu), divaricação só explicável pelo propósito de fazer aparecer entre Cristo e esse grupo uma espécie de triângulo invertido que aponta para a mão de Jesus e que seria sem sombra de dúvida uma vagina (virtual), ou a zona púbica de um corpo feminino.

♦ 243 ♦

Temesvar observa que, à parte a inconsistência de qualquer hipótese sobre uma Madalena esposa de Cristo, mesmo que por razões simbólicas Leonardo tivesse querido desenhar uma vagina, não se explica por que ele iria compensar essa alusão esotérica com um inexplicável afastamento entre João e Cristo, afastamento que não teria razão para ser tão sublinhado nem se João tivesse sido o discípulo predileto de Cristo nem se porventura representasse Madalena enquanto sua esposa. Em contraposição, o que impressiona Temesvar é a natureza de uma cena que mostra os discípulos à esquerda do Mestre solidários com ele, ou ao menos (no caso do grupo formado por Mateus, Judas Tadeu e Simão Zelota) envolvidos numa alarmada conversa, enquanto o grupo à direita parece apartar-se.

Aqui, argumenta Temesvar, mais que a uma ceia entre mestre e discípulos, ou até a uma celebração nupcial, assiste-se à ruptura que está ocorrendo no seio de um grupo. O Cenáculo figura uma secessão, da qual Cristo é avisado pelo dedo levantado de Tomás e pelo ar solícito dos outros dois apóstolos, que se inclinam para ele como se quisessem deixá-lo de sobreaviso.

Quem está tramando contra Cristo? Não só Judas — como quer a vulgata —, o qual se mostra no máximo como deuteragonista numa situação bem mais ampla e preocupante. Leonardo não era um membro ou superior do Priorado de Sião, mas antes um alarmado analista das perversões do seu tempo, e (quase em espírito de vidência) percebia no episódio da última ceia o anúncio de um complô histórico que nos toca ainda de perto.

Examinemos em detalhe quem e o que representam os apóstolos à direita de Jesus, segundo a leitura de Temesvar. Não há

A MEMÓRIA VEGETAL

dúvida de que João tem as feições de uma mulher, e em todo caso sobre sua androginia discorreram críticos de todos os países e todas as épocas. Mas andrógino não significa feminino. João aparece mais como um homossexual, portanto como um daqueles já advertidos por Jesus, e com grande antecedência, de que, se alguém escandalizasse um daqueles pequeninos, melhor faria em pendurar ao pescoço uma pedra de moinho e lançar-se ao mar — e as vicissitudes posteriores de João, exilado em Pathmos numa rocha a pique sobre o mar, e tomado pelo evidente *delirium tremens* do Apocalipse, fazem supor que ele tenha carregado durante anos o próprio remorso, remorso por suas tendências inaturais e pela traição concebida contra o Mestre. É possível, argumenta Temesvar, que João não represente de modo específico a homossexualidade, mas sim, por metonímia, o pecado carnal em todas as suas variedades; contudo, parece mais verossímil que ele seja símbolo do mesmo pecado pelo qual Leonardo se sentia culpado.

Pedro, que, não esqueçamos, daqui a pouco renegará Cristo, representa quem? Não por acaso, embora a contragosto, Jesus será em seguida obrigado a fundar sua igreja sobre Pedro, ou seja, sobre aquela pedra, pois sabe que o novo testamento não pode senão basear-se no antigo, e portanto a Igreja deverá sustentar-se sobre a Sinagoga. Portanto Pedro, hebreu de nascimento, representa a Sinagoga, que conspira com o *lobby* homossexual para eliminar Cristo. Segundo o projeto hebraico de conquista do mundo, tal como está representado nos *Protocolos dos Sábios Antigos de Sião* (que evidentemente já circulavam no tempo de Leonardo), Pedro recorre ao *lobby* homossexual para que difunda no mundo cristão a libertinagem a partir da qual serão minados os fundamentos morais deste. Pedro tem a fisionomia típica do Pérfido Judeu, tal como o representarão a pintura, a literatura e a panfletística dos séculos futuros: seu pronunciado nariz aquilino é um hápax na iconografia do Cenáculo — em contraposição, Tomás, fiel a Cristo e que certamente prenuncia Tomás de Aquino, tem um nariz que diríamos nórdico, ocidental, "ariano". O sorriso de Pedro, apenas esboçado, é dissimulado e ameaçador, e sua mão se estende para João como que para indicar-lhe o que ele deverá fazer.

E Judas, quem representa? Sua pele é mais morena que a dos outros e, segundo Temesvar, ele é a prefiguração de Maomé e do mundo árabe em geral. Poderá parecer estranho, observa Temesvar, que a Sinagoga de Pedro se alie com o Islã para destruir o cristianismo. Mas é preciso considerar que Leonardo não podia ter conhecimento do fato de que, com a fundação do Estado de Israel, os judeus se veriam em conflito direto com os muçulmanos, e o Cenáculo foi pintado por volta de 1495, quando acabava de ser iniciada, após a Reconquista de 1492, a caça aos judeus da Espanha, onde anteriormente eles viviam tolerados pelos árabes, aos quais até prestavam preciosos serviços nos campos médico, comercial e financeiro. Por toda a tradição medieval, judeus e árabes tinham sido encarados e figurados como os inimigos tradicionais do Verbo cristão, e portanto não havia nada de espantoso em vê-los aliados em seu complô.

Quanto aos outros três apóstolos à direita de João, Pedro e Judas, esses parecem perplexos. Tiago Menor aponta os três traidores, André exibe as mãos, num misto de desolação e sensação de impotência, Bartolomeu está surpreso e assustado. Evidentemente, eles não aprovam o complô mas tampouco sentem urgência de mover-se em direção a Cristo (como faz Tomás) e avisá-lo.

♦ 246 ♦

A MEMÓRIA VEGETAL

Em suma, com a *Última Ceia* Leonardo queria alertar seus contemporâneos e os pósteros de que desde o início estava em andamento o complô descrito pelos *Protocolos*, obviamente sem saber que este, ainda vigente em nossos dias, mais tarde viria a assumir formas diversas, cindindo-se em múltiplos complôs independentes, o dos judeus ortodoxos, o dos árabes fundamentalistas, o dos homossexuais (e talvez em três subcomplôs igualmente independentes, os dos homossexuais judeus, árabes e cristãos). Ou talvez, adverte Temesvar, João, ao representar a desenfreada licenciosidade sexual, encarna o complô dos *mass media* que tornaria aceitável (na profecia leonardesca) de forma espetacular a violação de todos os dez mandamentos (hoje seríamos tentados a dizer: o tríplice complô do Talmude, do Corão e da Mediaset).

Da leitura da sutil interpretação feita por Temesvar emergem algumas perguntas. Temesvar era antissemita, homófobo e antiárabe (uma espécie de mistura entre Hitler, o cardeal Ratzinger e Oriana Fallaci) ou, em vez disso, queria acusar Leonardo de ser homófobo, antissemita e antiárabe? Mas como conciliar a suposta homofobia de Leonardo com sua (a essa altura) proclamada homofilia? Talvez, ao contrário, Leonardo quisesse qualificar-se como celebrador e membro do complô, e portanto não só como homossexual mas também como judeu. Talvez a essa sua origem se deva o fato de que, mesmo escrevendo em letras latinas, ele continuava a traçá-las da direita para a esquerda, e por outro lado o anagrama de Leonardo da Vinci dá *D(avid) N(oah) Arié Colon Vida*, típico nome judaico. Ou será que Leonardo, homófilo, queria denunciar o complô árabo-judaico que havia tentado envolver os homossexuais para difamá-los? Nesse caso, João seria ternamente figurado como vítima da perfídia árabo-judaica, sua fuga para Pathmos teria sido o modo de subtrair-se às seduções de Pedro e de Judas, e o *Apocalipse*, a atroz alegoria dos resultados, profeticamente vislumbrados, das tramas dos seus dois companheiros? Ou, enfim, Leonardo queria denunciar, e antecipadamente, as várias teorias conspiratórias, inclusive a do *Código Da Vinci*, construindo seu Cenáculo como uma zombaria provocatória, uma paródia das Metástases da Interpretação?

Em todo caso, e certamente, a *Última Ceia* não conta a história que parece contar, e que com tanta superficialidade os ingênuos nos transmitiram.

De fato, Temesvar conclui seu ensaio com uma rajada de perguntas inquietantes, baseadas em seguras argumentações numerológicas. Por que o nome Leonardo Vinci é de 13 letras, 13 são os quadriláteros (painéis laterais e janelas) que aparecem no afresco, e 13 os convidados? Note-se que nós poderíamos acrescentar que, como o nome original da cidade de Temesvar, na Romênia, é Timisoara — e permanece o problema de por que o albanês Milo possuía ou tinha adotado um sobrenome romeno —, também o nome Milo Timisoara tem 13 letras! Mas *glissons*, para não encorajar paranoias interpretativas.

O fato é que, observa Temesvar, eliminando Jesus e depois Judas (que morrerão dali a pouco), os comensais do Cenáculo se reduzem a onze. Onze é o número das letras dos dois nomes unidos de Petrus e Judas, 11 o número de letras da palavra *Apocalypsis*, 11 são também as letras de *Ultima Coena*, dos dois lados de Jesus aparecem por duas vezes um apóstolo com as mãos abertas e outro com o dedo indicador estendido, formando em ambos os casos a cifra 11. Onze vezes onze daria 121, mas note-se como, de fato, este é um "número mascarado"! Negando os

A MEMÓRIA VEGETAL

dez mandamentos e portanto subtraindo dez de 121, temos 111. Ora, multiplicando 111 pelas 6 vezes em que aparece no Cenáculo a cifra 11, obteremos 666, o Número da Besta!

Os indícios perturbadores não param por aí. Seguindo um elementar princípio cabalístico, Temesvar atribui às letras do alfabeto (26) um número progressivo. Substituindo cada letra por um número, o nome Leonardo da Vinci dá 12 + 5 + 15 +14 + 1 + 18 + 4 + 15 + 4 + 1 + 22 + 9 + 14 + 3 + 9 = 146, e a soma interna de 146 dá 11. Faça-se agora a mesma operação com o nome de Mateus: a soma dos valores numéricos das letras é igual a 56,* cuja soma interna dá 11. Proceda-se como no caso precedente, e eis que se obtém ainda o Número da Besta, 666.

Mas vejamos agora o que acontece com os nomes de Johannes e Judas. A soma dos valores numéricos das letras de Johannes dá 78, cuja soma interna dá 15, cuja subsequente soma interna dá 6; a soma dos valores numéricos das letras de Judas dá igualmente 78, cuja soma interna dá 15, cuja subsequente soma interna dá 6. Essa dúplice e sublinhada aparição do número 6 nos induz mais uma vez a multiplicar 111 por 6, e eis que de novo obtemos 666, o Número da Besta.

Tantas coincidências não podem ser casuais. A *Última Ceia*, ao denunciar a traição contra Cristo, anuncia ao mesmo tempo o advento do Anticristo. Em tom disfórico (Leonardo seria então um ortodoxo preocupado) ou em tom eufórico (Leonardo seria então um dos mestres do complô)?

---

*O autor deixa passar aqui, com certeza deliberadamente, uma "falha" nessa sua irônica especulação: nem em italiano, Matteo, nem em latim, Matthaeus (e tampouco em português), as letras do nome desse apóstolo dão 56. O mesmo acontece, a seguir, com Judas (ou Giuda, em italiano, ou Yehudhah, ou Judá etc.). (*N. da T.*)

♦ 249 ♦

UMBERTO ECO

Temesvar não se pronuncia, mas em todo caso nos adverte de que em cada mensagem (até na mais aparentemente inocente, como "hoje vai chover") convém sempre encontrar um sentido secreto por trás do literal.

Alguém tramou ou ainda trama na sombra, diz-nos Temesvar. E talvez se deva a uma dessas tramas, ou à Trama Única por excelência, o seu desaparecimento. Talvez ele tivesse trazido à luz uma mensagem cifrada que devia permanecer oculta, ou conhecida somente de quem determina em segredo os destinos do Ocidente.

Publicado no Almanacco del Bibliofilo (*Antologia di racconti e saggi di bibliofilia*), Milão, Rovello, 2004, e depois num pequeno volume em edição numerada, Edizione Rovello, 2005.

Leilão de livros pertencidos a Ricardo Montenegro

Os volumes ficarão expostos por uma semana a partir de 25 de março de 1997, com venda pública na terça-feira seguinte, às 10 horas.

FLUDD, ROBERT, *Tomi Secvndi Tractatvs Secvndi Sectionis Secvndae Partis Primae Portio Secvnda De Extranatvrali et Metanatvrali Megacosmi Historia. In Portiones Tres Distributa, Avthore Roberto Flvd Alias de Flvctibvs Armigero et Medicinae Doctore Oxoniensi, In Qvo Qvasi Specvlo Politissimo E Sacro fonte radicaliter extracto non modo de Naturae Simia sed etiam de Simiae Natvra praemonstratur atq. de Adamico Pithecio Austrino origo ostenditur. Nec Non Metaphysicorum Dictis & Avthoritate ejus Decavdatio ad amussim & enucleate explicatur & comprobatvr. Vbi de Ortv Avstrino hoc est de Anvlo Irreparabiliter Perdito ante Moysaicvm Egressvm sed serendipiter post Navigationem Begelianam nouiter Invento Praenaturalis Historia narratvr Ymaginibus effabré exculptis a Theodoro de Bry. Qvase postremum preambulum mysticum portionis tertiae secundae partis sectionis secunde tractatus secundi tomi secundi Vtrivsque Cosmi Historiae.* Oppenheimij Impensis

UMBERTO ECO

Gvilelmi Fitzeri, Typis excussus Casparis Rotelli Anno MDCXXXIX.

2º: A⁴ (-A³, + U²) B-2B⁴ 2C⁸; pp. (2) 1-3 *4-5* 6-9 *10* 11-216 *117-224* (Numerosos erros de numeração: 83 como '73', 121 como '1', 216 como '217', 224 como '33'). Anterrosto e 4 frontispícios gravados, 1 mapa dobrado da Terra Incognita em coloração original, 4 gravuras em p. int., 317 xilografias no texto, 1 rótula móvel (ausente em todas as cópias conhecidas) com a Rosa Zoomorphyca.

Encadernado em couro suíno coevo com impressões a frio, abrasão no plano posterior, uma coifa débil. Leves nódoas nas primeiras 80 pp., broca marginal entre A²-F³. Quanto ao resto, cópia muito fresca e agradável. Magnífico ex-libris "Ex Bibliotheca Magistri Michaelis de Notre Dame".

Rara e única edição deste raríssimo (e incompleto) apêndice à *Utriusque Cosmi Historia*, ausente em Mellon, Ferguson, Duveen, Hall, Caillet, Dorbon. Nenhuma cópia NUC. Guaita 23458. Thorndike xii, p. 456.

Dadas as dificuldades na classificação do Opus fluddiano, é incerto se se trata de UCH II 2 $c_{1/2}$ (Godwin) ou de UCH III 1 $b_{2/1}$ (Gardner, segundo o qual UCH III 1 a, UCH III 1 $b_{1/1}$, além de UCH III 1 $b_{2/3}$, jamais teriam sido publicados).

THEOPHILUS SCHWEIGHART (?) *Vervm Alchymische Clypevm. Das ist Die Ganze Kunst und Wissenschaft der Ertz Bruderschaft, Ueber Pseudochymicorum Libellis Monstruosis Figuris atq. Aenigmatibus Homines Decipientibus, contra Hystriones Chaos Magnesiae & Antri Naturae und änliche Orbimeripottendificuncta undique quoversum bombitarantarantia nouissimum scutum praebens für defensionem*

◆ 252 ◆

A MEMÓRIA VEGETAL

Fratrum des löblichen Ordens Roseae Crucis. Sub umbra alarum tuarum, cave diabolum! Sl, sd (1617).

24º (10 ff. nn.) 77 pp. (1b). Anterrosto com bela gravura representando o túmulo de Christian Rosencreuz.

Encad. pergaminho coevo gasto. Vermelhidão constante devida à qualidade do papel. Fortes nódoas e vasta broca marginal com perda de poucas letras nas últimas folhas. Abrasão na parte inferior do frontispício para cancelar local e data. Excepcional ex-libris de Christian Knorr von Rosenroth.

Desconhecido por Caillet, Guaita, Dorbon, Ouvaroff, Gardner. Ausente na Bibliotheca Hermetica de Amsterdã! Waite (*Cross and Crucible: Addenda on Early Rosicrucians*, London, 1923, pp. 66) o atribui a Schweighart e cita como editor: "Typis Rolandi Edighofferij, Armartis (sic), 1617". G. Arnold (*Unpartheysche Kirchen-und-Ketzer Historien*, Schaffausen 1743, Appendix pp. 870) não menciona o autor mas afirma que o landgrave de Hesse teria pago já então mil ducados para possuir a única cópia ainda existente, provavelmente esta.

SCHOTT, CASPAR, P. Gasparis Schotti regiscuriani E Societate Iesv Olim in Panormitano Siciliae, nunc in Herbipolitano Franconiae Gymnasio ejusdem Societatis Iesv Matheseos Professoris. *Machina Olivetana, Sive de Technasmate Siliceo quasi Rationem Digitis Computante, singularem personam adjuvante, in quo admirandorum effectuum spectacula, inventionum miracula ad multos calculos mercationis & ad verborum processionem adhibenda, eruuntur. Ubi quomodo quilibet scribendo epistula qualibet de re, quocumque idiomate, potest alteri absenti arcanum animi sui conceptu manifestare & scripturam ab aliis eadem arte*

♦ 253 ♦

UMBERTO ECO

intelligere, Asperae Laminae auxilio, explicatur. Opus desideratum diu, promissum a multis, a non paucis tentatum, a Iaponicis callidissime imitatum. Eporediae Sumptibus Haeredum Camilli. Excudebat Carolus De Benedictis jam Eporediensis Typographus, MXXIV (sic, provavelmente 1624).

4° (20,5*16). (28 ff. nn.) 488 (b). Belo anterrosto de Saerial, numerosas gravuras de máquinas, 16 rótulas móveis que permitem reproduzir combinatoriamente o conteúdo inteiro da obra.

Sólida encadernação moderna em estojo. Cópia excepcionalmente indene de toda espécie de broca.

Cf. para cópia análoga I.B.M. Israel (cat. PS 50/50). Embora não raríssima (muitas cópias NUC), a obra parece de particular atualidade. O Padre Schott antecipou muitos estudos contemporâneos sobre a inteligência artificial. Deste livro existe uma anastática (Tokyo, Clone Publishers, 1990).

(Anônimo), *Albedo Triumphans sive de Spermate Ceti.* Sl, sd.

(16°) Frontispício alegórico de P.E. Quodd, representando o Currus Leviathani, 178 pp. brancas 1 f. nn. de errata. Encadernado em couro branco. Lavado mas muito fresco no conjunto.

Ferguson (*Books of secrets* iv, 4, 5, p. 27) indica-o como raro tratadinho alquímico dedicado à Obra ao Branco, a ser alcançada através da peregrinação mística em vez de pelos métodos tradicionais, e cita um segundo frontispício (ausente em nossa cópia) que recitaria "Sive de Furnis Novis Philosophicis Inauditis absque flammis". Citado entre as obras de viagem à Terra Incognita por Starbuck & Stubb (*Ismael's Forerunners*, Nantuchet, New Bedford Press, 1845). Desconhecido de

◆ 254 ◆

A MEMÓRIA VEGETAL

Caillet, Dorbon, Guaita, Duveen, Bibliotheca Magica, assim como, por outro lado, de Sabin e Du Rietz.

(RARÍSSIMO INCUNÁBULO), Pseudo Alberto, *De secretis mulierum*, Havantii, 1483.

F. 1a tit: Albertus Magnus De Secretis Mulierum. F. 2a: // Liber de admirando se//creto tampasticho sive de sudario hauriente Cum expositione Mag//istri Tambrandi. In fine: Finis, Impressum Havantii, 1483//die purgationis. Registr. 4.r.ch.maj. et min. c:S et c. in fine quaterniorum 2 col. 28 1. text. 38 1. comment. 54 ff.
Esplêndido exemplar de excepcional brancura, em elegante cartonado moderno. Leves vestígios de uso e algumas marcas de bolor nas primeiras ff.
Hain 566, Goff (A-300).

ROBSON, ROBERT, *A Hooligan Guide. A Discourse occasioned by some Observations on the Inconveniences and Dangers arising fron the Use of Common Spectacles, Leading the Way to know All Things, Past, Present and to Come, To Resolve all manner of questions, viz. of Pleasure, Health and Sorrow and teaching the way to cure all Diseases in all circumstances touching the Relation betwixt Spirit and Foot-Balloons.* London, At the Gascoigne corner, to be sold at the Goal Mouth.

8°. (16,5*10). (64 ff. nn.) 1-184 e 149-226 pp. Belo anterrosto.
Sólida encadernação em couro. Gasto no conjunto. Cópia de estádio.

♦ 255 ♦

UMBERTO ECO

GARZONI TOMMASO, *La Basilica degli Antiqvari Negromantici. Nouamente formato, et posto in luce da Thomaso Garzoni da Bagnocavallo, Accademico Informe di Ravenna per ancora Innominato. Diuiso in Dieci Incanti, oue si uedono i uari Prestigii del Mendacio d'Atributione, del far Cento Mappe d'un sol Portolano, et dello Scatalogar Seluatico, verbi gratia, del copiar li Frontispizi come fussero Pristini et del far parer l'Opra di S.S. Theologi come Gramatica d'Horacoli, Sogni, Sorti, Premonizioni, Prodigi, Sybille et altri Occulti Privilegi.* In Venetia: Al Portico di Sant'Anastatica.

4º. (10*6), (2 ff. nn.) 98 pp.

Encadernação em papel para embalar açúcar de uso monástico, gasta só nos cantos, grudados e chatos, dorso e guardas habilmente refeitos com páginas originais do Arauto de Santo Antônio, folhas elegantemente refiladas com perda de poucas linhas por página, frontispício manuscrito de Bartholomeo Garzoni, irmão do autor, habilmente reproduzido e montado, amplas nódoas que afetam só as primeiras 45 ff., vermelhidões devidas ao estado de conservação, corte marmorizado a nanquim, sinais de uso com recentes anotações manuscritas em bela caligrafia, larvas de época e posterior ninho de cupim nas coifas (fresquíssimo). No conjunto, ótimo e interessante exemplar desta obra singular e procurada.

Galantara (*Testimonianze dell'incuria dei religiosi prima delle leggi Siccardi*, x); G. Libri (*Jolie Bibliothèque de Livres à Respecter*, 1845, xx, 6); *A WWF Catalogue of Habitats for Endangered Species*, 3659).

DEE JOHN, *De Monade Oscillatoria. Of What Pass'd for Many Yeers at the Abbey of Saint-Martin-des-Champs as It Was Haunted by Private Conferences and Apparitions of Some Spirits, Tending to*

♦ 256 ♦

A MEMÓRIA VEGETAL

a General Alteration of most Kingdomes of the World, by Means of So-Called Horologium Oscillatorium; and shewing severall good Uses that a Sober Semathologist may take of All. London, Printed by Valentin Boni Plani, and sold at the Templar door, 1660.

1ª edição in-fólio (43*21), 450, 36 (6 ff. nn.). Retrato de Dee ao lado da Monas Oscillatoria. Anterrosto com a representação das dez Sefirot. Encadernação em couro de vitela coevo. Esplêndido e fresco exemplar. Meric Casaubon (*On Some Troubles occurring in Paris at the St. John's Eve, 1894* (sic), xx, p. 45); G. Neuhaus, *Die frölische Foucaultschewissenschaft*, p. 88).

FINELLA FILIPPO, *De Dentorvm Phisionomia, Ubi, Quomodo ex Maxillarium, Caninorum Praecisoriumque Putredine cujuslibet Passio Animae intelligi possit, dicitur.* Trapanorum Siciliae, Typis Iacobi Ciccarelli, 1648.

(Encadernado com) DIRGBY KENELM, *Theatrum Dentarium. In quo Actio varia, singularis et admiranda Pulveris Sympathetici, & quando Ejus auxilio peniculum aspergitur et cotidiane dentes purgantur, ad eorum Extractionem vitandam, ostenditur. Opusculum lectu jucundum & utilissimum.* Durbanii, Printed by Gibbs and solt At the Coll Gate, 1633.

32°. (3*1). 32, 66 pp. Numerosas gravuras.

As duas obras em original e preciosa encadernação em marfim, habilmente restaurada com borda laminada em ouro. Leves e superficiais vestígios de tártaro.

Cf. Fang & Zahn, *Books on Teeth*, "Surgeons Clarion", 5, 1986.

♦ 257 ♦

UMBERTO ECO

(Anônimo), *Il Pelago Rifiorente. O sia, dell'Algha Orientale & come per Svo Offizio il Mare diuenga Sauana Herbaria & Palude Meotide. Oue si narra de la Fvga de le Sirene et Ondine de l'Vltima Thvle uenvte a cercar la Terra oue fioriscono i Limoni et le Caue del Svono oue si celebrauan le Piaceuoli et Sollazzeuoli Notti.* Nel Contado di Rimini, per i Tipi di Giani Fabri, Alla Porta del Paradiso, 1585.

16° (9) 34. Anterrosto de De Hooge com Vênus afundando na espuma do mar.
Plastificação moderna. Amplas nódoas. Arrebentação refilada.
Obra curiosa e ausente de todos os catálogos turísticos.

BOEHME JAKOB, *De Tuba Daemonum. Sive de Flatu Expulso. In quo Ima Concrepitatio, per quam interiora certamina manifestantur, fortiter tubicinat. A multis nefata, a paucis confessa, ab omnibus deprecata.* Montis Catini, Impensis Falqui Haeredum, 1601.

16°. 300 folhas nn.
Encad. papel moderno uso "velin". Folhas branquíssimas com algum bolor e leves vestígios de uso. Barbas.

GAELLIUS LICIUS, *De secretis Libri vii.* Castri Fibochii, Aedibus Julij Magni Andreae, 1790.

8° (14,5*), 7). (16 ff. nn.) 165 pp. O texto vai de A^1 a P^1. Curiosa página de "Omissis" em P^2. Vários sigilos e quadros com contracifras no texto.
Encad. marroquim preto. No frontispício, timbre de biblioteca eclesiástica.

♦ 258 ♦

A MEMÓRIA VEGETAL

Jouin & Descreux (*Bibliographie Occultiste et Maçonnique et des Sociétés Secrètes*, Bruxelles 1976, p. 1480).

FOSCOLO UGO, *Ultime lettere di Jacopo Ortis*. Parma, Bodoni, 1797.

Edição de aficionado com encadernação Grolier original. Cópia de excepcional frescor. Lamenta-se apenas uma modesta broca marginal nas últimas folhas, com perda de poucas cartas, em particular a de 25.3.1799.

LES DEMOISELLES. Esplêndidá estampa erótica da escola avignonense do século XVI (125*270), colorida a mão. Na margem: "Pabulus Pinxit, M.O.M.A.".

Publicado no Almanacco del Bibliofilo (*Apologia del vocabolario*), Milão, Rovello, 1999.

◆ 259 ◆

O PROBLEMA DO LIMIAR.
ENSAIO DE PARA-ANTROPOLOGIA

Até a recente descoberta da Gruta Saguntina, tudo o que sabíamos daquela prática arcaica chamada *filosofia* só o conhecíamos graças ao fragmento do mercador grego Aristóteles (século II d.C.) que recita, segundo a lição do DK 5,00:

Antes que Atenas fosse conquistada pelos povos do extremo Norte, que obedecem aos Druidas, e que lhe levaram o alfabeto e fizeram dela o centro de toda troca de mercadorias do grande Império de Assurbanipal, desde as terras do Nó Górdio às Colunas de Barbaria, considerava-se como o centro do saber o país dos Mastienos, hoje desaparecidos, os quais se diziam inventores da filosofia. O que era a filosofia, isso já não nos é dado saber, mas supõe-se que fosse uma forma extrema de não saber que levou aquele povo à Morte. Por isso, aos sobreviventes pareceu sensato fazer o saber consistir no cálculo daquilo que convém ou não convém à aquisição da riqueza, através da qual se obtém a Distração, ou seja, o Prazer.

As recentes escavações feitas na Gruta Saguntina trouxeram à luz uma série de tabuinhas de pedra nas quais estão escritos

♦ 261 ♦

aforismos e invocações, preceitos e ameaças, graças aos quais agora é possível reconstituir, ainda que conjecturalmente, o que era, para os habitantes originais da Mastienia, aquilo que vieram a chamar filosofia. Esta aparece como uma forma de vida segundo a qual, em vez de adquirirem riquezas, eles se interrogavam sobre Ö‡/ ⚹/ᛉ❀ — ou seja, para usar a tradução um tanto obscura do Diels-Kranz — "o sentimento inquieto de estar no Limiar". Os mastienos não conheciam a escrita, razão pela qual até esses testemunhos são vagos, porque provêm de lendas elaboradas por uma civilização posterior à extinção dos mastienos.

Seja como for, segundo tais testemunhos, parece claro que, antes de elaborar a filosofia, os mastienos, que viviam naquela zona mais tarde denominada Celtibéria, levavam uma vida primitiva, cobertos de poucas peles ou de tecidos rústicos, habitavam em cavernas e ocupavam-se apenas da própria sobrevivência e da reprodução. Não existia divisão do trabalho, quem conseguia arranjar alimento dava-o aos outros depois de ter consumido a quantidade de que necessitava, machos e fêmeas uniam-se livremente entre si e os filhos eram educados pela comunidade. Não havia, portanto, nem formas de permuta nem muito menos algo que possa recordar nossa noção de comércio. Por outro lado, uma natureza bastante viçosa fornecia-lhes frutos e água em abundância.

É natural que, vivendo assim, eles tivessem elaborado formas de pensamento muito elementares, e fossem levados a considerar apenas os eventos materiais (comer, defecar, copular, por exemplo). Dos documentos que nos chegaram, deduz-se que eram avessos a qualquer tipo de abstração. Enquanto para nós, modernos, os eventos da vida devem ser subsumidos em categorias

A MEMÓRIA VEGETAL

ou conceitos (tais como a quantidade, o custo, a conveniência, e o dinheiro como Equivalente Universal — pelo qual tanto um alqueire de trigo quanto duas braças de pano podem ser vistos como a mesma coisa, na medida em que se verificam no mesmo valor de troca), para os mastienos um homem era alguém que "come, bebe, copula, defeca, urina e emite o Último Sopro". Na verdade, os mastienos não tinham nem mesmo um conceito de "homem". Falavam deste ou daquele mastieno e no máximo chegavam a perceber que todos os mastienos faziam esta ou aquela coisa.

De igual modo, não tinham uma clara distinção entre bem e mal. O conceito que nós traduzimos pelo termo *bom* não só não coincidia com o nosso como também não era sequer um conceito, ao menos no sentido que damos a essa palavra, e pelo qual são conceitos tanto a partida dobrada quanto a receita. Era antes o sentimento obscuro não de algo que se devia fazer ou não fazer, mas de algo que *acontecia habitualmente*. Sem dúvida eles julgavam bom o comer ou o copular, mas do mesmo modo julgavam bom o Último Sopro: para os mastienos, parece que *bom* e *fato* eram expressões praticamente sinônimas. Um mastieno com fome sentia a necessidade de mover-se para procurar alimento; ao encontrá-lo e comê-lo, saciava-se do fato.

Não podemos dizer que os mastienos "soubessem" essas coisas. Se devêssemos identificar nos textos da Gruta Saguntina algo que embora vagamente fosse traduzível por "saber, ou conhecer alguma coisa", precisaríamos recorrer não a um conceito, mas a uma espécie de provérbio, que poderíamos traduzir como "se é um fato, por que falar dele?".

Nesse quadro, os mastienos não conheciam nem mesmo aquelas que em outras civilizações arcaicas eram as divindades. Sim-

♦ 263 ♦

UMBERTO ECO

plesmente, em meio a tudo o que acontecia, dirigiam sua atenção para alguns fenômenos que aconteciam sempre e sem cujo acontecimento não se poderia nem falar de mastienos. Esses *fatos* eram a Boca, pela qual penetravam o alimento e o ar, indispensáveis à sobrevivência de um mastieno, e saía o Último Sopro; o Esfíncter, por onde eram evacuadas aquelas que eles denominavam *coisas* (eram coisas tudo aquilo que não era um mastieno: as fezes, as nuvens, os animais e as pedras); o Pênis e a Vulva, não só porque por eles se evacuavam coisas mas também porque de sua junção derivava uma sensação de prazer (que para eles era um fato do qual sentiam necessidade, como sentiam necessidade do alimento ou da evacuação), e enfim porque pela Vulva nasciam os novos mastienos (ao que parece, até o aparecimento da filosofia, os mastienos jamais haviam estabelecido uma relação de causa e efeito entre cópula e parto).

No momento em que pela Boca emanava o Último Sopro, ou seja, o estertor final, o mastieno não mais era considerado um mastieno. Desse ponto em diante tornava-se alimento (de resto, também os animais que eram capturados emitiam um Último Sopro e se transformavam em alimento). O cadáver era comido pelos sobreviventes.

Nesse sentido, não se pode nem dizer que os mastienos tivessem um conceito preciso da morte, assim como não o tinham da vida. Antes de nascer, um mastieno não existia, em seguida era um fato e depois não existia mais. O Último Sopro era também um fato, e como tal era aceito ("se é um fato, por que falar dele?").

Por isso, a Boca, o Esfíncter, o Pênis e a Vulva eram, digamos assim, considerados fatos privilegiados. A Boca era objeto de uma forma cultural bastante vaga, na medida em que por ela frequen-

A MEMÓRIA VEGETAL

temente era praticado o beijo. Não parece que o beijo fosse um preceito: era igualmente um fato.

Porém, segundo algumas tabuinhas, em certo estágio daquela civilização aconteceu que, pela primeira e última vez, entre os mastienos verificou-se uma divisão do trabalho. Depois que um mastieno emitia o Último Sopro, o banquete que se seguia era difícil de administrar, porque em torno do cadáver reunia-se uma multidão impelida pela natural necessidade de devorá-lo, e, enquanto os primeiros se apoderavam de nacos de carne, os últimos ficavam privados desta, alterando o costume pacífico do natural compartilhamento dos bens. Por tal razão, foram incumbidos da dissecção do cadáver, de sua divisão em partes iguais e da distribuição destas alguns mastienos que haviam demonstrado uma habilidade natural em trabalhar com facas de obsidiana.

Tais encarregados eram denominados por um termo que, traduzindo mal a expressão ☙❧, chamaríamos de *os Médicos*. Parece claro que, desconhecendo que existissem meios para retardar o Último Sopro, os Médicos não eram incumbidos da manutenção da saúde, mas só da dissecção dos cadáveres. Visto que os mortos eram fatos frequentes e que a dissecção requeria muito trabalho, os Médicos eram nutridos pelo resto da comunidade e ocupavam-se apenas de sua atividade específica. Entre uma morte e outra, porém, tinham muito tempo à disposição, e assim (e esse foi o infausto resultado da divisão do trabalho) foram lentamente levados a inventar a filosofia.

Ao dissecarem os cadáveres, os Médicos haviam percebido que entre a Boca e o Esfíncter existia um percurso interno ao longo do qual o alimento consumido ou se tornava sangue e carne, ou se depositava nos intestinos como coisas inúteis que seriam mais tarde expulsas pelo Esfíncter, pelo Pênis e pela Vulva. Além disso, descobrira-se a existência de Quase Mastienos, vale dizer, corpos em estado fetal, contidos no útero de certos cadáveres do sexo feminino. Por fim, calculando o estágio de desenvolvimento de vários fetos, e procurando recordar quando a extinta havia copulado pela última vez, os Médicos haviam adiantado a ideia de que a gravidez fosse efeito da cópula.

O primeiro pensamento *filosófico* foi, portanto, o de um certo Gades de Bastuli que subsumiu, com um ato de abstração desconhecido à civilização mastiena, a Vulva, o Pênis, a Boca e o Esfíncter em um conceito (mas era justamente o conceito de conceito que até então permanecera estranho aos mastienos), o de Limiar. Num dos fragmentos que chegaram até nós, Gades diz:

Nós somos mastienos na medida em que existe o Limiar. Antes que o alimento entre no Limiar que é a Boca, ele ainda não é mastieno. Quando sai daquele Limiar que é o Esfíncter, não é mais mastieno. De igual modo, antes que um Pênis penetre uma Vulva não se forma uma coisa que mais tarde sairá como mastieno completo pela Vulva, e só depois que pela Boca é emitido o Último Sopro, mas não antes, cessa toda atividade da Boca, do Esfíncter, do Pênis e da Vulva. É no Limiar que acontece estar antes aquilo que os mastienos não são ainda, e depois aquilo que eles não são mais (TS, 777[a]).

Sobre essas bases os Médicos elaboraram uma ideia de mastieno como "canal entre dois Limiares". Mas foi justamente ao dissecar as vítimas dos sacrifícios que, segundo estas tivessem comido pouco tempo ou muito tempo antes de sua morte, eles se deram conta de que em algumas vítimas, mortas logo depois

A MEMÓRIA VEGETAL

da refeição, o alimento, enquanto tal, ainda permanecia no estômago; e em outras a matéria fecal, ainda não expulsa, manifestava-se de forma ebuliente nas vísceras. Nasceu então entre os Médicos a discussão sobre onde se situavam verdadeiramente os Limiares. Não é Limiar a Boca, começaram a dizer, se depois de passar através dela o alimento ainda permanece no estômago, e não é Limiar o Esfíncter, se a matéria fecal já medra no interior de um mastieno.

Uma vez que os Médicos consideravam próprios do mastieno o seu sangue, a sua linfa, os seus humores, que se geravam através da ingurgitação de alimento, o problema que eles se colocaram foi, portanto: quando é que o alimento, que ainda não é mastieno, transpõe um Limiar e se torna mastieno? E quando é que os rejeitos do alimento, aquilo que não pode tornar-se este ou aquele mastieno, não são mais este ou aquele mastieno?

Alguns diziam que um Limiar se situava entre o estômago e as vísceras, outros entre o estômago e o coração. Mas o problema que nos parece digno de relevo é outro.

Se os médicos punham em dúvida que a Boca e o Esfíncter fossem Limiares, deslocando os Limiares do mastieno até o interior deste, onde eles perdiam toda possibilidade de serem percebidos, automaticamente questionavam a preeminência da Boca, do Pênis, da Vulva e do Esfíncter.

Ademais, uma vez elaborado o Conceito de Limiar, os Médicos haviam percebido que existiam outros Limiares afora aqueles dos mastienos: consideraram Limiares as Entradas das cavernas, os Buracos que se criavam ou eram criados no terreno, o Acesso a certos condutos naturais nas vísceras das montanhas, e além disso foram identificados novos Limiares dos mastienos, tais como

♦ 267 ♦

os pavilhões auriculares e as narinas. Assim, deram-se conta de que, enquanto para compreender os Limiares conhecidos se inventava a ideia única de Limiar, os Limiares conhecidos se multiplicavam. Remetendo-nos a outras crenças religiosas arcaicas, hoje diríamos que os mastienos elaboravam ao mesmo tempo uma forma de monoteísmo (existe um só fato relevante, o fato dos fatos, o Limiar) e uma forma de politeísmo (existem infinitos Limiares, e cada um deles é um fato relevante).

Na verdade, a pregação de Gades de Bastuli gerou a seita dos Duvidosos, os quais punham em dúvida a existência dos fatos privilegiados através de uma série de paradoxos duvidosos (þ ⅋ ⌇ ❀ ♋).

Paradoxo da Sudorese. Os Médicos haviam descoberto que o alimento passado pela Boca saía depois não só como matéria fecal e urina, mas também como suor. Se o suor passa do interior do corpo para seu exterior, devem existir Poros. Se os Poros existem, eles são Limiar. Mas os Poros são imperceptíveis, e assim não constituem matéria de experiência material, ao passo que os fatos fundamentais, ou seja, todos os outros Limiares, são perceptíveis. Visto que ser um fato é ser matéria de experiência, os Poros não são fatos. Não sendo fatos, não existem. Donde, há um Limiar que é Limiar e todavia não existe. Mas, para que um mastieno seja, é preciso que ele sue. Se não suar, o mastieno emite o Último Sopro e não é mais um mastieno. Portanto, para que o mastieno seja é preciso que existam os Poros, que no entanto não existem.

Paradoxo do Alimento. Se abres um mastieno sacrificado, não identificas o Limiar antes e depois do qual o alimento e o esterco

A MEMÓRIA VEGETAL

são ou já não são tais. Mas antes que o alimento entre na Boca não é ainda alimento, e quando sai pelo Esfíncter não o é mais. Se no mastieno não é perceptível o Limiar antes do qual alguma coisa torna-se alimento e depois do qual não o é mais, então não existe o alimento. Mas os mastienos só são na medida em que ingerem alimento. Se não ingerem nada, não são. Portanto, nem mastienos nem Vulva nem Pênis nem Boca nem Esfíncter são.

Paradoxo da Veladura. Aparece uma figura velada (na Gruta Saguntina também se encontraram figuras femininas com a cabeça coberta por uma pele dessecada): quem está sob o véu? Para o Paradoxo da Sudorese, ninguém. Mas um véu, ou vela alguma coisa ou não é véu. Então, o véu não é um véu. Mas há algo pior: um véu, se vela, é Limiar entre aquilo que se vê e aquilo que não se vê. Portanto, em um mesmo momento deve-se postular a existência de um outro Limiar e afirmar que ele não existe.

Paradoxo da Caverna. Para entrar na caverna deves ultrapassar seu Limiar. Antes do Limiar de uma caverna estás fora da caverna, depois estás dentro. Portanto, a caverna existe só porque existe seu Limiar. Mas, se existisse o Limiar, o que aconteceria quando estivesses sobre o Limiar? Não estarias nem dentro nem fora da caverna. Mas um Limiar só é tal se dividir o fora do dentro. No momento em que estás sobre o Limiar, portanto, não estás nem fora nem dentro. Mas no momento em que não existem nem dentro nem fora, não existe sequer a caverna. Por conseguinte, enquanto transpões o Limiar de uma caverna, transpões o Limiar de uma caverna que não existe. Mas uma caverna que não existe não pode sequer ter um Limiar. Por conseguinte, quando transpões o Limiar, não transpões nada. *Ergo*, estendendo o raciocínio a todo Limiar, não pode existir nenhum Limiar.

♦ 269 ♦

UMBERTO ECO

Para fugir a essas contradições, Eburão de Altacete ousou aquilo que a religião e a *forma mentis* dos mastienos não podiam permitir: afirmou que um Limiar enquanto Limiar não é necessariamente uma realidade material perceptível, mas algo que nós *pensamos*, no decorrer da nossa experiência material, quando vemos bocas, esfíncteres, anfractuosidades, buracos e assim por diante. Mas está claro o quanto esta ideia colocava em discussão os princípios fundamentais sobre os quais se erigia a cultura dos mastienos.

Antes de mais nada, inseria-se na cultura deles o conceito de "pensar". Os Médicos logo se aperceberam de que os mastienos pensavam, por exemplo quando imaginavam o alimento que ainda não tinham encontrado e que desejavam encontrar. Como, antes de ser encontrado, o alimento não é um fato, eles extraíram daí a conclusão de que "aquilo que um mastieno pensa não é um fato". Portanto, se o Limiar é pensado, não é um fato. Por conseguinte, nenhum Limiar é um fato. Portanto, não existem Limiares.

Eburão procurou então demonstrar como esse Limiar não era algo pensado, mas sim algo *querido*: ao querer, por exemplo, o alimento, nós o dirigimos para a Boca, que só nesse momento, e para fins de nutrição, se torna Limiar; e, ao querer levar o Pênis ao seu lugar natural, o macho faz da Vulva um Limiar. Mas assim se introduzia a nova ideia do "querer". Olifante o Impossível tentou explicar que querer é "ir em direção a coisas". Mas, para ir em direção a coisas, é preciso que alguma coisa seja um fato. Ora, se o Limiar aparece como efeito de um querer, isso significa que, antes que se queira, ainda não existe Limiar algum. Então, querer seria "ir em direção a nada". Além disso, alguém que quer, antes de querer não queria ainda, e no instante em que quer já vai em direção a uma coisa. Portanto há um Limiar do querer.

♦ 270 ♦

A MEMÓRIA VEGETAL

Mas de que serve inventar este estranho fato que é o querer, com o fim de explicar o que é o Limiar, se afinal é ao conceito de Limiar que convém recorrer para explicar o querer? Teríamos o Paradoxo de um Limiar cuja Tarefa é Fazer Nascerem Limiares.

Foi provavelmente por causa destas discussões que, começando a duvidar do Limiar, os mastienos começaram a não mais consumir alimento com a Boca, a não evacuar, a não penetrar a Vulva com o Pênis. Disso resultou sua extinção, devida, como concluíram nossos historiadores, à invenção da filosofia.

Felizmente, com a extinção dos mastienos, a filosofia deixou de ser praticada e chegou-se à atual Economia sobre a qual se apoia nossa civilização, cujo único fato indiscutível é o Equivalente Universal. Nesse sentido, vemos com indulgência e curiosidade a cultura dos antigos mastienos, mas obviamente nos regozijamos por termos elaborado uma civilização superior.

Este livro foi composto na tipologia Agaramond,
em corpo 11,5/16, e impresso em papel off-white
$80g/m^2$, no Sistema Digital Instant Duplex
da Divisão Gráfica da Distribuidora Record.